日本ヴィーガン協会公式

ヴィーガン
レストランガイド

関西

監修　日本ヴィーガン協会

JAPAN
VEGAN
SOCIETY

MESSAGE by *Mayumi Muroya*

日本で過ごす、日本で暮らす、日本に生きる、ヴィーガニストのために

　日本ヴィーガン協会代表の、室谷真由美です。

　私たちは、日本でヴィーガンライフを志す方の助けになりたいという思いで活動を続けています。その中で、外食時にどこへ行けばよいのかわからないという声が多くあり、いつか、まとめたお店の情報を提供したいと考えていました。

　利用すれば環境保全にも貢献できるというアプリ「Bene」と提携し、私たちが認証しているお店をガイドブックにしようということで動いていたところへ、今回、素敵なお話をいただきました。この本は、10年以上の歳月の中で収集してきた情報を、皆さんにもご活用いただきたいという思いで編纂したガイドブックです。

　今回は関西版ということで、京都、大阪、兵庫を中心に77軒のお店をご紹介しました。しかし、ヴィーガンのためのメニューを用意しているお店は、まだまだ紹介しきれないほどあります。ヴィーガンというライフスタイルに対するニーズが高まる中、これからも有益な情報を皆さんにお届けしたいと思います。

　このガイドブックを制作するにあたり、多くの方々のお力添えをいただきました。この場をお借りして、心より、感謝いたします。本当に、ありがとうございます。

特定非営利活動法人 日本ヴィーガン協会

代表　室谷　真由美

次世代に続く、
持続可能なライフスタイルを目指して

　日本ヴィーガン協会は、日本のヴィーガン業界を下支えしたいという思いから、ボランティア団体として発足しました。そして、ヴィーガンだけでなく、さまざまな食文化を互いに認め合い、話し合い、協調し合う場を提供するために、当協会を通じて支援したいと活動を続けています。

　私たちは、それぞれの立場で運営している各団体と、仲間として情報を共有し、その輪を拡散しながら、大枠としてひとつの方向性を見出していく方法を模索するために努力しています。仲間たちとともに、どこよりもヴィーガンがおいしい国＝日本、「ジャパニーズヴィーガン」のすばらしさを世界へ発信し、訪日外国人に日本のヴィーガン情報を届け、日本のヴィーガンの皆さんに、よりヴィーガンライフを送りやすい環境を作っていくこと。健康のため、環境のためによい食事であることの周知に努めることが、日本ヴィーガン協会の役割だと考えます。

活 動 内 容

1. ヴィーガンをわかりやすく

☑ 自治体や企業へヴィーガンの理解度を高めるため、ヴィーガンに関する講演会を行なっております。

☑ ヴィーガン対応であることをわかりやすくする認証マークを普及しています。

☑ どこでヴィーガンフードを食べられるかをわかりやすくするため、アプリBeneと連携。情報を提供するとともに、ヴィーガンの人が暮らしやすくなる環境を整備しています。

2. 子どもたちへ

☑ 食育や環境問題への啓蒙を行い、その一環として学校給食へヴィーガンオプションの展開を進めています。

3. 動物たちへ

☑ 動物愛護団体へ寄付を通じて活動を支援し、自然保護団体、教育機関とも連携をして啓蒙活動を進めています。

About >> JAPAN VEGAN SOCIETY

ヴィーガンとは？

　ベジタリアンは菜食主義を表す総称で、ヴィーガンはその中のひとつです。ベジタリアンにもさまざまな種類がありますが、ヴィーガンは厳格に動物肉、魚介類、卵、乳製品、はちみつなど動物性由来のものを一切口にしません。

　ヴィーガンという思考を、健康のために取り入れる人もいれば、厳格にライフスタイルとして実践する人もいます。環境に配慮するために、ポール・マッカートニーが推奨して話題となった「フリーミートマンデー」など、曜日や日にちを決めて取り組む人もいます。

食の思考の種類

	動物肉	魚介類	卵	乳製品	五葷	果物	アルコール
ヴィーガン	×	×	×	×	○	○	△
ラクト・ベジタリアン	×	×	×	○	○	○	○
オボ・ベジタリアン	×	×	○	×	○	○	○
ラクトオボ・ベジタリアン	×	×	○	○	○	○	○
ペスコ・ベジタリアン	×	○	○	○	○	○	○
オリエンタル・ベジタリアン	×	×	×	×	×	○	△
マクロビオティック	△	△	△	△	△	△	△
フルータリアン	×	×	×	×	×	○	×
ローフード	×	×	×	×	○	○	△
ハラル	△	△	△	△	△	△	×

※△＝積極的に摂取することを推奨しない
※ハラルはイスラム教の宗派や地域によって制限の範囲が異なるため、この限りではありません

　ヴィーガンの食の規範に添っていれば、大概の食に対応することができます。ここに精進の要素（五葷抜き＝ネギやニンニクなど刺激の強いものを使用しない）、ハラルの要素（アルコール不使用）が加われば、すべての食の規範を網羅することが可能といっても過言ではないでしょう。さまざまな背景を持つすべての人が、ひとつのテーブルを囲んで食事をすることができます。

　多様化する価値観の中で、平和で穏やかな時間のためにできることのひとつ。それがヴィーガンスタイルの食事が持っている力です。

ヴィーガン認証について

　各店から日本ヴィーガン協会にお問合せのあった場合は、ヴィーガン認証協会を通じて審査し認証されます。日本ヴィーガン協会として正式に提供しているマークは、現時点でヴィーガン認証協会とヴィーガン店・商品検索アプリBeneで使用されている共通のものです。

☑ 飲食店のヴィーガン認証「Vegan info」の基準

　ヴィーガン専門店には「All Vegan」、ヴィーガンメニューを常設している店には「Option」のマークを配布し、日本ヴィーガン協会が認定したことを表しています。

　その条件として、まず材料に肉・魚・乳製品・はちみつを使用していないこと。パンにバター、牛乳、ラード、卵、ショートニング等動物性成分を使用していないこと。調味料、ドレッシングに「ポークエキス」「牛脂」「ラード」等動物性成分が含まれていないこと。提供に動物の皮膚や骨などの主成分であるコラーゲンから抽出しているゼラチンが含まれていないこと。メニューのだしやスープはすべて植物性であること。そして、サラダや果物等、そのまま食べる食品に用いるまな板と、肉や魚等に用いるまな板は、使い分けがされていること、もしくは調理器具を洗浄していることを求めています。

　また、必須ではありませんが、協会が提供する店舗情報等でも表示する条件として、精製する際に動物の骨炭を使用している可能性が高い白砂糖については、代用品を使用していることをチェックする場合があります。

ヴィーガン 専門店用マーク	All Vegan	
ヴィーガンメニューの 用意がある店舗用マーク	Option	

Contents

Contents

兵庫エリア

監修

特定非営利活動法人
日本ヴィーガン協会

次世代への持続可能なライフスタイルを目指し、日本のヴィーガン業界の発展を目的に設立された。モデル・ビューティーフード研究家としても活動する代表理事の室谷真由美氏をはじめ、「食の大切さ」を伝える活動を行い、「ジャパニーズヴィーガン」発展のために尽力している。

Column

●本誌掲載のデータは2021年6月現在のものです。発行後に、料金、営業時間、定休日、メニュー等の営業内容が変更になることや、臨時休業等で利用できない場合があります。また、各種データを含めた掲載内容の正確性には万全を期しておりますが、営業状況などは、大きく変動することがあります。おでかけの際には電話等で事前に確認・予約されることをお勧めいたします。なお、本誌に掲載された内容による損害等は弊社では補償いたしかねますので、予めご了承いただきますようお願いいたします。
●本誌料金は、原則として取材時点で確認した消費税込みの料金です。ただし各種料金は変更されることがありますので、ご利用の際はご注意ください。
●交通表記における所要時間はあくまでも目安ですのでご注意ください。
●定休日は原則として年末年始・お盆休み・ゴールデンウィーク・臨時休業を省略しています。
●本誌掲載の利用時間は、原則として開店（館）～閉店（館）です。ラストオーダーや入店（館）時間は、通常閉店（館）時刻の30分～1時間前ですのでご注意ください。ラストオーダーはLOと表記しています。

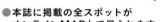

本書の地図がスマホで見られます!

Google マイマップにアクセス

●本誌に掲載の全スポットがオンラインMAP上で見られます。
●MAP上に現在位置が表示されるので、現地で近くの掲載店が探せます。

●スポットの掲載位置は2021年6月現在のものです。 ●当コンテンツはGoogleマイマップを利用したサービスです。本サービスの内容により生じたトラブルや損害については弊社では補償いたしかねます。予めご了承の上ご利用ください。 ●お使いの端末や環境によっては動作保証ができないものがあります。 ●オンラインでご利用の際には、各通信会社の通信料がかかります。 ●Googleマイマップで表示される、物件の電話番号や住所等の情報は、本誌に掲載の情報と異なる場合があります。あくまで目安としてお使いください。 ●本サービスは予告なく内容を変更することや終了することがあります。

☑ 本書の見方

　掲載店の人気の料理、イチオシの料理を紹介。ヴィーガン専門店か、オプションメニューとしてヴィーガン対応のものがある店か、グルテンフリーやノンカフェインなどひと目でわかるアイコンで掲載。

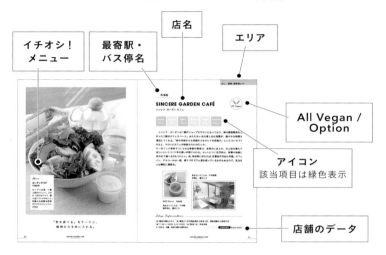

イチオシ！メニュー

最寄駅・バス停名

店名

エリア

All Vegan / Option

アイコン
該当項目は緑色表示

店舗のデータ

☑ アイコン

ヴィーガンの食規範に準ずるメニューのみ提供している店。

ヴィーガンの食規範に準ずるメニューを提供している店。

Gluten Free	グルテンフリー	GMO Free	遺伝子組換食品不使用	Sugar Free	白砂糖不使用
Alcohol Free	アルコール不使用	Caffeine Free	ノンカフェイン	Oriental Vegan	五葷抜き（精進）のヴィーガン対応

●グルテンフリー＝菜食で制限されませんが、健康上の理由等からグルテンを気にする人が多いため掲示。
●遺伝子組換食品不使用、ノンカフェイン＝不自然なものを口にすることを避けたいと考える人が多いため掲示。

●白砂糖＝精製の過程で動物の骨炭を使用しているケースがあるため掲示。
●アルコール、五葷抜き＝ハラルの方や、宗教上（特に仏教系）の方も安心して食べられるように掲示。

How to read this book

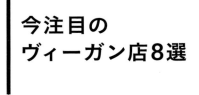

今注目の
ヴィーガン店8選

関西でヴィーガン料理を
食べに行くなら、まずはココから！
特におさえておきたい、
今注目の8店をご紹介します。
おいしくて彩りも華やかな
料理の数々を楽しんで

京都・嵐山へ行くなら予約したい
多国籍なヴィーガン料理

スペシャルコースで満喫できる、イカ風、マグロ風、炙りホタテ風、ウニ風、ウナギ風の野菜寿司は絶品。写真はイメージ

Menu

**スペシャルコース
7000円**

季節のサラダ（写真）、
スープ、天然酵母の自
家製パン、メイン、野
菜寿司、デザート、お
茶が付く。要予約

スペシャルコースのシ
メはデザートと紅茶。こ
の日のデザートはヴィ
ーガンレアチーズケー
キ、たんかんのゼリー、
抹茶の米粉クッキー

LITTLE-HEAVEN

リトル ヘブン

All Vegan

Gluten Free	Alcohol Free	GMO Free	Caffeine Free	Sugar Free	Oriental Vegan

　おいしい食材を求め、2014年に東京・大塚から京都・嵐山へ移転。季節の京野菜や老舗の生湯葉、生麩など、京都のおいしい食材を取り入れた多国籍創作料理が堪能できる。メニューはコース料理が主体で、ジャンルを超えたさまざまな味付けが好評。ひと皿ひと皿がまるで絵画のように、目でも楽しめる内容となっている。なかでも名物の野菜寿司は、見た目も味も本物そっくりで驚く。

　ゆったりと過ぎていく時の流れに身をゆだね、四季折々の旬の食材で彩られる、華やかで完成度の高い料理に舌鼓。嵐山観光の際に立ち寄れば、プレミアムヴィーガン料理で極上のひと時が過ごせる。

スペシャルコースのメイン。この日は湯葉のパイ包み季節の野菜を添えて

住宅の1階部分が店になっているので、看板を目印に

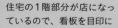

高級感のある落ち着いた雰囲気の店内。特別な日に利用したい

Shop Information

[電] 075-777-2500　[住] 京都市右京区嵯峨野開町8-29
[交] 嵐電帷子ノ辻駅より徒歩3分
[時] 12:00 〜 22:00
[休] 月曜、ほか不定休あり

Take out　Delivery

京 の 都 の 異 世 界 で 食 す
新 境 地 の ヴ ィ ー ガ ン ラ ー メ ン

店内には、チームラボ
のアート作品「反転無
分別 - Black in White
/ R e v e r s i b l e
Rotation - Black in
White」が展示されて
いる

Menu

**ヴィーガンラーメン
深緋（醤油）
1320円**

研究を重ねて誕生した、
豊かな風味と深い味わ
いが口の中に広がる

Menu

**抹茶仕立ての
ヴィーガン餅
アイスクリーム
880円**

京都らしさ満点のヴィ
ーガンスイーツ。抹茶
とチョコレートのバラ
ンスが絶妙

Vegan Ramen UZU KYOTO

All Vegan

ヴィーガン ラーメン ウズ キョウト

今注目の
ヴィーガン店8選
02/08

Gluten Free	Alcohol Free	GMO Free	Caffeine Free	Sugar Free	Oriental Vegan

　京都市役所の近くにひっそりとたたずむヴィーガンラーメン専門店。チームラボのアート作品が壁面を彩る非日常の空間で、試行錯誤の末に完成したヴィーガンラーメンが堪能できる。ラーメンのスープは、羅臼昆布や、国産シイタケ、野菜のだしを贅沢に使っており、コク深く濃厚。小麦粉と全粒粉をブレンドした麺は、もっちりとした食感で食べごたえがある。トッピングのトマトを途中で崩すと、酸味が加わって味の変化も楽しめる。

　メニューはラーメンのほか、押し寿司やスイーツなどの一品料理もヴィーガンで提供。どれもおいしいだけでなく、見た目も美しい。料理のおいしさを引き立てるワインやビールも厳選して取り揃えている。

店舗設計やロゴデザインもチームラボが担当した

割り箸にもこだわり、環境への負担が少ない国内スギの間伐材を使用

書道から着想を得たというチームラボの作品

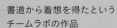

Shop Information

[電] 非公開
[住] 京都市中京区梅之木146　[交] 地下鉄京都市役所前駅より徒歩6分
[時] 11:30 〜 14:30 （14:15LO）、18:00 〜 22:00 （21:00LO）
[休] 月〜水曜

Take out　Delivery

緑あふれる川沿いのナチュラルカフェで
まったりくつろぐ贅沢な時間

ナチュラルで居心地が
よい店内。川沿いにあ
るテラス席（→P23）
も人気

OPTIMUS cafe

Menu

OPTIMUS Buddha Bowl 1100円

野菜や穀物がたっぷり
摂れるブッダボウルが
看板メニュー

Menu

**スパイシー
キーマカレー
850円**

オリジナルスパイスの
香り高いキーマカレー。
野菜もたっぷり

OPTIMUS cafe

オプティマス　カフェ

All Vegan

Gluten Free	Alcohol Free	GMO Free	Caffeine Free	Sugar Free	Oriental Vegan

　地球環境や動物の命、そして人間の健康を考えるミートレスカフェ。"お肉を食べない日を意識的に作ってもいいのではないか"と、大豆ミートやスーパーフードを組み合わせたヴィーガンフードを提供する。

　仏教の精進料理を連想させることから名付けられたBuddha Bowl（ブッダボウル）は、野菜や穀物などヘルシーな食材がたっぷり盛り付けられ、食べごたえ十分。スムージーのラインナップも豊富で、その日の気分に合わせて、アンチエイジングや、美肌、整腸作用などの効果別に選ぶことができる。カフェは朝7時30分から営業しており、朝食の利用もおすすめ。夏期限定で18〜22時はバーになり、カクテルを中心としたお酒が楽しめる。

心地よい風が吹く土佐堀川
沿いのテラス席

ピンク色のネオンサインが目印

Gluten-free Muffin440円（右）、Smoothie BE BEAUTIFUL　780円

ティータイムにおすすめ

𝒮𝒽𝑜𝓅 𝐼𝓃𝒻𝑜𝓇𝓂𝒶𝓉𝒾𝑜𝓃

[電] 06-4256-1664
[住] 大阪市中央区北浜2-1-14 スピニングビル1F
[交] 地下鉄北浜駅より徒歩3分
[時] 7:30〜19:00（夏期は〜22:00）　[休] 無休

Take out **Delivery**

居酒屋でヴィーガンを
選ぶことができるという幸せ

酒蔵鍋

Menu

四川麻婆豆腐
968円

大豆ミートを使用した
本格派の麻婆豆腐は山
椒と唐辛子のピリ辛が
クセになる

Menu

**酒粕玄人ヴィーガン
鍋 2600円**

地元酒造の酒粕を使用
した店の看板メニュー。
数多くのメディアで紹
介されている。1〜3
人前

酒蔵鍋

Menu

**酒粕と豆乳のタルト
330円**

まろやかな風味とさわ
やかな酸味が独特の味
わい。シメにもピッタリ

酒蔵鍋
さかぐらなべ

Gluten Free	Alcohol Free	GMO Free	Caffeine Free	Sugar Free	Oriental Vegan

　"ヴィーガンの人も、そうでない人も、一緒に楽しめる店"がコンセプト。イチオシメニューの鍋料理は、酒粕玄人ヴィーガン鍋、昆布出汁鍋、麻辣スープ鍋、生姜スープ鍋の4種類があり、スープはいずれも昆布だしと野菜のブイヨンがベース。具は15〜20種類の季節の野菜がたっぷり入り、ボリューム満点だ。

　このほかにも大豆ミートを使用した食べごたえのある料理が豊富で、山椒と唐辛子でピリ辛に仕上げた四川麻婆豆腐や、豚いらずの酢豚、沖縄のタコライスなど、さまざまなジャンルの料理が楽しめる。大阪の天満と本町、そして奈良の3店舗でヴィーガンメニューを展開しており、その店でしか食べられないメニューもあるので、全店舗制覇したい。

漆喰の壁に木材を多用
した和風の店内

天神橋筋商店街にあるビル
の2階

**豚いらずの酢豚
748円**
サッパリしていて
胃にやさしい

Shop Information

[電] 06-6352-7789
[住] 大阪市北区天神橋4-6-19 サンプラザ伊豫又2F
[交] 地下鉄扇町駅より徒歩1分　[時] 17:00 〜 23:00（22:30LO）
[休] 月曜、第1・3日曜

Take out　Delivery

築130年の元宿坊でいただく
品数豊かな菜食料理

Menu

**お昼のランチコース
1950円**

無農薬、自然栽培で育
てた自家農園の野菜を
使用。宝山寺味噌竜田
揚げをメインに、10品
の小鉢料理、本日のス
イーツとオーガニック
ドリンク付き

自然菜食ナイヤビンギ

窓の外に広がる景色を
眺めながら、のんびり
とした時間が過ごせる

自然菜食 キッチンピストキ

奈良／宝山寺

自然菜食ナイヤビンギ

今注目の
ヴィーガン店8選
05/₀₈

しぜんさいしょくナイヤビンギ

Gluten Free	Alcohol Free	GMO Free	Caffeine Free	Sugar Free	Oriental Vegan

　宝山寺の参道沿いにあり、築130年の元宿坊を改装した趣のある客席で自家農園で育てた無農薬、自然栽培の菜食料理が堪能できる。お昼のランチコース（12時〜14時30分）と、夜のディナーコース（18〜20時）は完全予約制。カフェメニューは予約の必要がなく、自家製果実ジュース650円〜や、無農薬栽培の森のコーヒー600円〜、グルテンフリーケーキ650円〜などを用意している。

　なお、店内は全席個室となっており、周りに気を使うことなくリラックスできるのも魅力。見晴らしのいい窓からは矢田丘陵や奈良盆地が一望できる。また、1階ではオリジナルの服や帽子、雑貨、ドレッシングや豆乳マヨネーズなどが販売されているので、みやげにぜひ。

宝山寺参りや生
駒山ハイキング
の休憩にも便利

宿坊の雰囲気がそのまま残
り、情緒たっぷり

本日のビスコーン
1個180円〜
ビスケットとスコーンを
掛け合わせた焼菓子で、
サクふわ食感が楽しい。
数量限定

Shop Information

[電] 0743-73-0805
[住] 生駒市門前町12-9　[交] 近鉄・生駒ケーブル宝山寺駅より徒歩2分
[時] 12:00 〜 21:00 ※ランチ、ディナーは要予約
[休] 火曜、ほか不定休あり

Take out　Delivery

自然菜食ナイヤビンギ

31

たっぷり野菜のヴィーガンミールと
ヴィーガン仕立てのタルトを満喫

Menu

**季節のタルト
650円〜**

写真はいちごのタルト
650円（右）と、タルト・
オ・シトロン650円。
イートインはお茶との
セット1150円で提供

Menu

**ヴィーガンデライト
1980円**

奈良県産の古代米に、
大豆ミートや野菜をふ
んだんに使った総菜が
8品付く

食事だけでなく店内の
インテリアにも革製品
などの動物性素材を一
切使用していない

onwa

今注目の
ヴィーガン店8選
06/08

onwa

オンワ

All Vegan

Gluten Free	Alcohol Free	GMO Free	Caffeine Free	Sugar Free	Oriental Vegan

　住宅街の狭い路地を入ったところにある、古民家をリノベーションして作られた隠れ家的カフェ。2017年のオープン以来、一貫してヴィーガン＆グルテンフリーのメニューにこだわり、"おいしくて心と身体にやさしい"をテーマに営業を続けてきた。

　注文を受けてから丁寧に作るというヴィーガンデライトは、季節ごとに変わる地元食材の総菜を中心に、古代米や大豆ミートの唐揚げ、ピクルスなどが盛り付けられた人気No.1メニュー。食材はできる限りオーガニックで奈良県産のものを使用し、化学調味料を使わないようにしている。なお、席数には限りがあるため予約してから来店したい。

漆喰や木材、銅などを
使って改装した店

**ケーキとお茶のセット
1150円**

写真はタルト・オ・シトロン
と抹茶

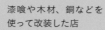

精進唐揚丼900円〜

大豆ミートを使用した唐揚
げが入る。写真はテイクア
ウト用

Shop Information

[電] 0742-55-2534
[住] 奈良市三条大宮町3-23
[交] JR奈良駅より徒歩7分
[時] 11:00 〜 17:00（土曜は〜 20:00）　[休] 月・火曜

Take out Delivery

華やかな料理の数々に
古都の風を感じる

Menu

**ヴィーガンパフェ
850円**

季節のフルーツたっぷ
り。豆乳クリームの口
あたりが軽い、ギルト
フリーなパフェ（テイ
クアウトのみ）

K&M Vegan Kitchen 菜美 -nabi-

All Vegan

ケイアンドエム ヴィーガン キッチン なび

Gluten Free	Alcohol Free	GMO Free	Caffeine Free	Sugar Free	Oriental Vegan

　"ヴィーガン（菜食）、美味、健康"をコンセプトに、食事やスイーツを提供するカフェ。動物性食材不使用のデザート付きランチや菜食弁当は、酵素や発酵食品、発酵調味料などを積極的に取り入れ、だしの旨みと風味豊かな味わいを追及。小麦、カシューナッツ、アーモンドなども使用せずに作られたスイーツはヴィーガンパフェのほか、米粉のマフィンとヴィーガンアイス550円や、甘酒入りスムージー715円〜も人気だ。イートインスペースはカウンター席のみだが、食事、スイーツともにテイクアウトできるメニューが充実しているので利用したい。

　また、店内では免疫力アップをテーマにした料理教室（味噌、甘麹作りなど）や、季節の手仕事ワークショップ（酵素シロップ作り）も定期的に開催している。

グッズの売上の一部は保護猫活動に使用

餅飯殿（もちいどの）センター街の「夢CUBE」内にある

菜食弁当972円〜

醤油麹で炊いた雑穀米や、腸内環境にいいおかずがたくさん

Shop Information

[電] 090-5019-2518
[住] 奈良市餅飯殿町12 夢CUBE G
[交] 近鉄奈良駅より徒歩8分
[時] 10:00 〜 19:00　[休] 木曜

Take out　Delivery

週末限定のお楽しみ
おいしいスイーツを琵琶湖畔で

Menu

**グルテンフリー
ヴィーガンパルフェ
2035円**

たっぷりのイチゴに自
家製クリーム、自家製
アイス、ゼリーなどが
ぎっしり。要予約

Menu

グルテンフリー
ヴィーガンスイーツ
＆ロースイーツ
590円〜

言われなければヴィー
ガン仕様とは気づかな
い。かわいらしいスイー
ツがたくさん並んでいる

滋賀／瀬田

PÂTISSERIE Youpi Youpi

Option

今注目の
ヴィーガン店8選
08/8

パティスリー ユーピ ユーピ

| Gluten Free | Alcohol Free | GMO Free | Caffeine Free | Sugar Free | Oriental Vegan |

　琵琶湖のほとりにあるパティスリー。イートインは土・日曜のみ利用でき、おいしいグルテンフリーのヴィーガンスイーツやロースイーツなどが堪能できる。グルテンフリーのヴィーガンスイーツは米粉特有のモチモチ感が出すぎないよう独自の製法で粉を配合し、サックリ、ふわっとした食感に仕上げている。ロースイーツも季節ごとに数種類がショーケースに並ぶ。

　スイーツはPUFA(プーファ)フリーを心掛けており、液体油は不使用、有機ココナッツオイルや有機カカオバターを使用している。甘味は栄養価が高く香りもいいきび砂糖やてんさい糖など、いろいろな砂糖を使い分けるというこだわりだ。四季折々の素材を使ったスイーツも豊富に揃うので、何度でも足を運びたくなる。

**自家製ジャム
756円〜**

旬の果物のおいしさが
ギュッと詰まっている

ラベンダーカラーの差し色
がかわいい

白を基調とした明るく
開放的な店内

Shop Information

[電] 077-544-1722
[住] 大津市萱野浦23-18
[交] JR瀬田駅より車で5分
[時] 11:00 〜 16:30　[休] 月〜木曜

Take out　Delivery

Column

ヴィーガンライフで不足しがちな栄養素は、
バランスよく補いましょう

　ヴィーガン食にしたことで、体調がよくなったという話を聞く一方で、体調を崩したという話も耳にします。一概にはいえませんが、菜食という言葉のイメージから、サラダばかりを食べるなどすると、栄養が偏っている可能性が考えられます。偏った食生活は、栄養失調に陥る可能性もあるので注意が必要です。動物性のものから摂取する栄養素は、植物性のものからも摂取できるという研究報告もあるので、バランスよく栄養素を取り入れ、健やかなヴィーガンライフを送りましょう。

　ヴィーガンライフで不足しがちな栄養素は、タンパク質、ビタミンB12、ビタミンD、カルシウム、鉄分、亜鉛、オメガ3脂肪酸の7種類あるといわれています。ここでは、その7種類の栄養素の特徴とその栄養素を多く含む食品をご紹介します。

タンパク質

　3大栄養素のひとつであるタンパク質は、生命維持に欠かせない重要な栄養素です。タンパク質を植物性だけで摂取するには、豆やナッツ、シード（種）を食べることになります。豆腐は水分が多くタンパク質が少ないため、大豆から作られる肉のように加工された食品がベター。ソイミートは高タンパク食材として知られています。

| ソイミート | / 59.3 g |
| カボチャの種 | / 26.5 g |

ビタミンB12

　細胞の代謝に欠かせないビタミンB12は必須栄養素のひとつですが、基本的に植物性の食品には含まれないといわれています。のりやスピルリナにはビタミンB12が含まれるそうですが、微量過ぎて欠乏の補いにはならないとか。そのため、ビタミンB12に関してのみ、ヴィーガン対応のサプリメントに頼る人も多くいます。サプリメントに頼りたくない自然派の人の中には、川や土に含まれる微生物を口にすることで補うという方法もあります。

ビタミンD

　ビタミンDはサケやイワシなど魚に多く含まれていますが、植物性の食材でビタミンDが含まれているものに、キノコ類があります。ヴィーガンライフにおいては、キノコ類をたっぷり食べ、日光浴を積極的にすることで、ビタミンDの欠乏を防ぐことができます。

| キクラゲ（茹で） | / | 8.8μg |
| マイタケ（油炒め） | / | 7.7μg |

カルシウム

　カルシウムを含む食品の代表例としてイメージするのは牛乳ではないでしょうか。牛乳の代わりになるのは、ゴマやチアシード、コマツナ、ケール、アーモンド、焼きのりといった食材です。ヴィーガンでない人にも、カルシウムを取り入れたいときはおすすめです。ちなみに牛乳100gに含まれるカルシウムは約110mg。推奨量650mgをまかなうなら、野菜だけで十分摂取可能です。

| ゴマ | / | 1200mg |
| チアシード | / | 570mg |

鉄分

　植物性食品に含まれる「非ヘム鉄」は、動物性食品に含まれる「ヘム鉄」に比べ吸収率が低いため、量を食べる必要があります。アマニやチアシードといったナッツや種・豆類、茹でたダイコンの葉、生のミズナ等をたっぷり食べて、鉄分を摂取しましょう。ビタミンCが豊富な食材と一緒に食べると、鉄分の吸収率が高まるので、野菜や果物と組み合わせて食べるのがおすすめ。

| アマニ（炒り） | / | 9.0mg |
| チアシード | / | 7.6mg |

亜鉛

　代謝や免疫機能、細胞の修復といったことに重要な役割を持つ亜鉛も、ヴィーガンライフに不足しがちな栄養素のひとつ。動物性食品ではカキに多く含まれることで有名ですが、植物性食品に含まれる亜鉛は動物性食品のものに比べて吸収率が低いため、量を多く食べることが必要になります。カボチャの種やヒマワリの種、ゴマなどに多く含まれるので、意識して取り入れましょう。

カボチャの種	/ **7.7mg**
ゴマ（炒り）	/ **5.9mg**

オメガ3脂肪酸

　オメガ3脂肪酸の中で、植物性なのはαリノレン酸のみ。DHAとEPAは魚に多く含まれます。αリノレン酸は、必要に応じて体内でDHAやEPAに変換されるため、動物性のDHA、EPAをあえて摂取する必要がないと捉えられがちですが、αリノレン酸のDHA、EPAへの変換率はあまり高くないので、αリノレン酸を含む植物性食品を多く摂取する必要があります。

えごま油	/ **58g**
亜麻仁油	/ **57g**

　ヴィーガンライフを実践する際には、不足しがちな栄養素に注意し、さまざまな食材や旬の野菜をたっぷり食べるということを心掛けましょう。ヴィーガンであろうとなかろうと、「これだけ食べていれば大丈夫」というものは存在しないということを心にとめ、菜食範囲の中でも幅広く、いろいろなものを口にするのがよいでしょう。

　食生活は、自分がいかに心地よいものを食べているかを知ることが一番大切。そのためには、たくさんの選択肢を持っている方が、より充実した食スタイルの近道になります。

※表はそれぞれ100gあたりの含有量を表示（日本食品標準成分表より）。

京都
Area

古都ならではのたたずまいを活用
した店が多く、行くだけでもお得感
があり、観光としても楽しめる。こ
だわりの食材と洗練された匠の技、
京都のイメージそのものを味わい
に出かけよう

**ヴィーガン
しょうゆラーメン
700円（手前）**

お酒を一杯飲んだ後
のシメにも好評。ヴィ
ーガン餃子550円（奥）
など、日替わりのメニ
ューもおつまみに好ま
れる

京都タワーの地下に
ふらりと立ち寄りたくなる場所がある

京都駅周辺

VEGE DELI かんな

ベジ デリ かんな

All Vegan

Gluten Free / Alcohol Free / GMO Free / Caffeine Free / Sugar Free / Oriental Vegan

　京都タワーの地下1階、365日朝から晩まで食事ができるフードコート内にあるヴィーガン食堂。JRと直結し、立地条件は抜群にいい。

　ベジタリアンやヴィーガンの人でなくても、"普通においしい"と思える食事を目指し、気軽に立ち寄ってほしいと、"早い、安い、旨い"をモットーにしている。"日本の大衆食をヴィーガン仕様で楽しんでほしい"と、ラーメンやカレーなど気取らないメニューが揃う。ドリンクは健康ジュースをはじめ、京紅茶や京珈琲、甘酒、北海道産の原料にこだわったビール、野菜からできた焼酎、日本ワインやオーガニックワインなど、こだわりのある品が多数。グルテンフリー、アルコールフリー、五葷抜きにも対応可能だ。

鮮やかな黄色が目を引く外観が目印

ヴィーガンカレー
700円

米粉と野菜スープを煮込んで作るためグルテンフリー

Shop Information

[電] 075-353-2399　[住] 京都市下京区烏丸通七条下ル東塩小路町721-1　京都タワービルB1F
[交] JR京都駅より徒歩2分　[時] 11:00 ～ 23:00　[休] 無休

Take out Delivery

形成外科医が発信する
美容と健康に効く食を "選択" する

Menu

サラダ蕎麦 1400円（手前）、CHOICE FROMAGE 盛り合わせ 3種1200円〜（奥）

色鮮やかなサラダ蕎麦はユズコショウやクルミが付いたオリジナルつゆで召し上がれ。
CHOICE FROMAGEは4種1500円、5種1800円の盛り合わせもある

GLUTEN FREE AND VEGAN CAFE CHOICE

三条京阪

GLUTEN FREE AND VEGAN CAFE CHOICE

グルテン フリー アンド ヴィーガン カフェ　チョイス

　形成外科医であり、プラントベースホールフードを提唱したコリン・キャンベル氏の著書を翻訳、共著した鈴木晴恵氏がプロデュースするヴィーガン＆グルテンフリーのカフェ。美容と健康を選択できる場所として1階にCAFE CHOICE、2・3階に形成外科やメディカルエステを設え、"体の中からきれいになる"をコンセプトとしたトータルビューティースポットとなっている。

　カフェではヴィーガンやグルテンフリーにこだわるだけでなく、オーガニックであるか、産地や製法はどうかというところまで気を配った食材を使用し、独自のメニューで提供。植物性チーズなどのオリジナル商品も製造、販売している。2021年秋にはヴィーガンドッグカフェ「cafe planet」も市内にオープン予定。

落ち着きのあるおしゃれな空間。テーブルの間隔も広めで、ゆったりくつろげる

季節のモンブラン
※価格は季節により変動

写真はイチゴを使ったパステルモンブラン

Shop Information

［電］075-762-1233　［住］京都市東山区大橋町89-1 鈴木形成外科ビル1F　［交］地下鉄三条京阪駅より徒歩1分
［時］モーニング9:30〜11:00、ランチ11:00〜16:00 (15:00LO)、カフェ15:00〜17:00（※平日16:00〜17:00はクローズ）ディナー17:00〜21:00 (20:30LO)　［休］不定休　**Take out** Delivery

Menu

虹色御膳　1320円（手前）、
グリーンスムージー　880円（奥）
虹色御膳は、オリジナルの野菜カツや、人参
のラペ、フリッターなどが楽しめる。グリーン
スムージーは季節の青物野菜と果物がたっぷり

音楽やイベントも楽しめる
不思議な懐かしさを感じるカフェ

一乗寺

naturalfood Village

ナチュラルフード ビレッジ

Option

Gluten	Alcohol	GMO	Caffeine	Sugar	Oriental
Free	Free	Free	Free	Free	Vegan

　さまざまな文化風習が入り混じった無国籍な空感で、中国、インド、タイ、ベトナム、インドネシア、メキシコなど、国際色豊かな料理が楽しめる。虹色御膳はメニュー名の通り、四季折々でさまざまな料理を味わうことができ、皿ごとに五味（酸味、苦味、甘味、辛味、塩味）が感じられる人気メニュー。このほかにも、玄米でできた麺を使った玄米冷めん1100円や、ベジカレーライス980円、ベジパッタイ1000円など、オーガニック食材にこだわったメニューが並ぶ。

　店では時折、音楽のライブやイベントも行っているので、公式Facebookをチェックしてから出かけよう。食と音楽を楽しんでいるうちに、身体と心が満たされるような店を目指している。

仏像や東南アジアの楽器など、いろいろな国のさまざまなものが置いてある

不思議な雰囲気が漂う店

Shop Information

[電] 075-712-3372　　[住] 京都市左京区一乗寺築田町95 第一メゾン白川2F
[交] 叡電一乗寺駅より徒歩10分　　[時] 12:00 ～ 15:00、18:00 ～ 24:00　　[休] 月曜

Take out　**Delivery**

現地の食べ方、
"手食べ"に挑戦

Menu

**ベジミールス
1100円**

近郊で採れる有機野
菜を使用。内容は季節
ごとに変わる。写真の
サラダはヴィーガン用
で、通常はベジタリア
ン用のヨーグルトサラ
ダ、パチャティが付く

Menu

**パイナップルケサリ
450円**

粗挽きのセモリナ粉
(穀物の製粉で得られ
る粗い殻粉)とパイナ
ップルを合わせた南イ
ンドのスイーツ。サフ
ランがアクセント

烏丸御池

インド食堂TADKA

インドしょくどう タルカ

Option

| Gluten Free | Alcohol Free | GMO Free | Caffeine Free | Sugar Free | Oriental Vegan |

　南インドの定食であるミールスや、クレープのような見た目のドーサなどが味わえる店。南インド料理は、野菜とスパイスの使い方が巧みで、米や野菜を駆使して作られる。人気のベジミールスは、カレー4種、サラダ、ピクルス、パパド付き。米はタミルナードゥ州のポンニライス（＋200円）を注文したい。現地同様に手を使って混ぜ合わせ、好みの味に仕上げてから食べると、よりおいしいのだそう。

　このほかにも店主のおすすめは、ポテトのスパイス炒めを包んだマサラドーサ1100円（ディナーのみ）。ドーサとは、米とウラド豆を挽いて発酵させた生地を薄く焼いたもの。サンバルという野菜と豆のカレーや、旬の野菜のチャツネを絡めて食べるもので、南インドでは朝食や間食に欠かせない。

コーヒーカウンターでは南インドのコーヒーを飲むことができる

店に入ったらメニューを決めて
料金を先に支払う（ランチのみ）

Shop Information

[電] 075-212-8872　[住] 京都市中京区押小路通高倉西入左京町138 パインオーククリビア1F
[交] 地下鉄烏丸御池駅より徒歩4分　[時] 12:00 〜 14:30(14:00LO)、18:00 〜 22:00(21:00LO)
[休] 日・月曜

Take out　Delivery

アサイーボウル
1080円（手前）、
有機抹茶
＆大豆ペースト
980円（奥）

グラノーラはヴィーガ
ングラノーラに変更可
能。スムージー各種
600円〜と一緒にいた
だけば元気いっぱいに

オ ー ガ ニ ッ ク グ ラ ノ ー ラ で
朝 か ら 手 軽 に 元 気 を チ ャ ー ジ

烏丸御池

COCOLO KYOTO

Option

ココロ キョウト

　京都に初めて誕生したグラノーラ専門店。併設のカフェでは、アサイーボウル
や有機抹茶＆大豆ペーストなど、オリジナルグラノーラを使用した多彩なメニュー
が楽しめる。店主は"毎日グラノーラを食べてほしい"と、ほぼオーガニックで納
得のいく素材を選び抜いている。オイルはそのまま飲めるほど良質なものを厳選
し、甘味はココナッツシュガー、メープルシロップ、有機ブラウンシュガーなど、
ミネラル豊富で栄養価の高いものを使用するというこだわりだ。
　店内で購入できるオリジナルグラノーラのイチオシは「COCOLO スペシャル」。
ドライフルーツに香ばしいナッツ類をたっぷりブレンドし、低GIのココナッツシュ
ガーを合わせたコク深い味わいが満喫できる。

白を基調に木の温もりが感じられる店内

プレミアムメープル
1290円

メープルシュガーとシロッ
プがたっぷりのグラノーラ

Shop Information

[電]075-229-6619　[住]京都市中京区東洞院通三条下ル三文字町201 UEDA ビル2F
[交]地下鉄烏丸御池駅より徒歩2分　[時]11:00 〜 19:00（日曜、祝日は〜 18:00）[休]火曜

Take out　Delivery

Menu

**ごまたっぷり!!
マクロビ野菜プレート
2035円**

玄米白ゴマご飯や、精
進だしの味噌汁に加え、
旬の食材で作る総菜
がたっぷり食べられる

Menu

**gomacro
カレーセット
1485円**

ゴマ油でじっくり揚げ
た野菜がのる。厚揚げ
のトッピング(＋220
円)も可能

ゴマ油屋が仕掛ける
ゴマ油たっぷりの健康食

烏丸御池

gomacro Salon cafe

ゴマクロ サロン カフェ

Gluten Free　Alcohol Free　GMO Free　Caffeine Free　Sugar Free　Oriental Vegan

　ゴマ油やゴマ製品の製造・販売を行う「山田製油」が運営するダイニング＆カフェ。化学合成農薬や化学肥料不使用で栽培した旬のおいしい野菜を、自社製品と組み合わせた身体にやさしい料理が味わえる。

　ごまたっぷり‼ マクロビ野菜プレートは、定番の総菜4種、旬の総菜4種を、玄米白ごまごはんと精進だしの味噌汁で楽しめる。さらに季節のサラダ、ごま豆腐、ごま佃煮、ドリンク、ミニデザートまで付くという豪華な内容だ。gomacroカレーセットは、山田製油自慢のエキストラバージンごま油でじっくり炒めた野菜と、ごまらぁ油の製造過程でできる辛味のペースト、オリジナルスパイスなどを調合した個性あふれるカレー。ルゥはスパイシーでありながら甘味もある。

店内では山田製油の商品も購入できる

豆乳黒ごまぷりん
イートイン418円

みやげにもぴったり。テイクアウトは410円

Shop Information

[電] 075-257-5096　[住] 京都市中京区神明町673
[交] 地下鉄烏丸御池駅より徒歩3分　[時] 11:30 ～ 18:00（17:00LO）※ショップは11:00 ～ 19:00
[休] 月曜

Take out **Delivery**

京 の 町 散 策 が て ら 立 ち 寄 り た い
ス タ イ リ ッ シ ュ な 日 本 茶 ス タ ン ド

京都河原町

YUGEN

ユウゲン

　"日本の伝統を身近に"というコンセプトのもと、2018年にオープンした本格的な日本茶専門店。京都の宇治茶を中心に、全国から選び抜いた上質な抹茶、煎茶、ほうじ茶を、著名な作家が作った陶器できちんといただけるほか、テイクアウトで気軽に味わうこともできる。

　人気の抹茶ラテやほうじ茶ラテはホットとアイスがあり、注文を受けてからお茶を点ててくれるので香り高く美味。ミルクは豆乳またはオーツミルクに替えることができ、甘さが選べるのもうれしい。煎茶は、煎茶と玉露の中間にあるという"かぶせ煎茶"で、苦味と甘味、旨みのバランスが抜群にいい。また、店内には日本の伝統品ギャラリーが併設されており、有田焼や花火など日本文化の粋も楽しめる。

築100年以上の伝統的な町家を
ティースタンドに改装

京都らしい一杯が堪能できる

Shop Information

[電] 075-606-5062 　[住] 京都市左京区大黒町266-2 　[交] 阪急京都河原町駅より徒歩3分
[時] 11:00 〜 19:00 　[休] 無休

Take out Delivery

Menu

**定食のディナーセット
1700円**

スープ、デリ4種、サ
ラダ、フォカッチャ、
メインが付くボリュー
ム満点の晩ごはん

シンプルに自然に
素材の味を生かした京風地中海料理

四条

PETTiROSSO Kyoto

ペッティロッソ キョウト

Option

| Gluten Free | Alcohol Free | GMO Free | Caffeine Free | Sugar Free | Oriental Vegan |

　化学調味料や遺伝子組み換え食品は使わず、京都のオーガニック野菜などを使って作る京風地中海料理が食べられる。京料理と西洋料理が融合したような個性的なメニューは、素材の味をうまく生かしたやさしい味わい。ヴィーガンやベジタリアンが安心して食べられるものも多い。

　定食のディナーセットは和のテイストに加え、イタリア、スペイン、トルコなどの国々の料理が存分に堪能できるワンプレート。まるで海外旅行をしているかのような気分で食事が楽しめると好評だ。ワインなどのアルコールも豊富に揃うのでぜひ一緒に。食後には季節の果物を使った自家製のヴィーガンスイーツも欠かせない。

2階建てで1階はバーのよう。
2階は畳のスペースもある

空豆の全粒粉ラビオリ
1300円
エンドウマメの味噌を使ったクリームソースがかかる

Shop Information

[電] 075-585-5455　[住] 京都市下京区塗師屋町92-2　[交] 地下鉄四条駅より徒歩8分
[時] 11:30 ～ 14:30（13:30LO）、17:00~21:30（20:00LO）
[休] 月・火曜、ほか不定休あり

Take out　Delivery

Menu

**おめん（冷・温）
1210円**

声をかければ、ヴィー
ガン・ベジタリアン用
のメニューを出してく
れる

上 州 伊 勢 崎 生 ま れ の 京 育 ち
ヴ ィ ー ガ ン 仕 様 の " お め ん "

名代 おめん 銀閣寺本店

銀閣寺前

名代 おめん 銀閣寺本店

なだい おめん ぎんかくじほんてん

| Gluten Free | Alcohol Free | GMO Free | Caffeine Free | Sugar Free | Oriental Vegan |

昭和42年（1967）創業、銀閣寺（東山慈照寺）からほど近い場所にある"おめん"が味わえる店。"おめん"とは、群馬県伊勢崎市あたりの方言でうどんのことをいい、創業者が日常的に食べていた味を再現したもの。店では、京都のおばんざいと合わせて、たっぷりの野菜や薬味とともに提供している。

ヴィーガン・ベジタリアン用のメニューは、つけつゆに精進だしを使用。麺には国産の小麦粉を数種類ブレンドし、ツルツルもちもちとした食感に仕上げた。ネギやショウガなどの薬味野菜、ゴマなどをつゆに入れて食べるおめんは、具だくさんでヘルシー。麺は、温・冷どちらでも小麦粉の豊かな香りと、しっかりとしたコシが感じられておいしい。

三色野菜麺のおめん（冷）　1210円

全粒粉、ホウレンソウ、ムラサキイモが練り込まれている

京都・四条先斗町店のほか、NYのソーホーにも支店をもつ

Shop Information

[電] 075-771-8994
[住] 京都市左京区浄土寺石橋町74　[交] 市バス銀閣寺前バス停より徒歩2分
[時] 11:00〜21:00（20:00LO）　[休] 不定休　Take out Delivery

Menu

**抹茶ティラミス
パフェ
1320円**

宇治抹茶を使い、植物
性だけで作り上げる。
軽やかで食べやすい

見るだけでウキウキするような
心躍るスイーツをヴィーガンで

祇園

祇園イリゼ茶寮

ぎおんイリゼさりょう

All Vegan

| Gluten Free | Alcohol Free | GMO Free | Caffeine Free | Sugar Free | Oriental Vegan |

　フランス菓子のパティシエであるオーナーが、「どんな人にも、おいしく満足できるスイーツを届けたい」という思いを込めて、一つずつ丁寧に手作りするヴィーガンスイーツが楽しめる。おすすめのヴィーガンパフェは常時6種類が揃い、存在感のあるソフトクリームが特徴的。豆乳ソフトクリームの下には、抹茶ソースや小豆、コーヒーゼリー、抹茶ゼリー、豆乳チーズ、豆乳クリーム、わらび餅、グラノーラなどが入っている。

　また、なかなか店舗に足を運ぶことができない人のためにスイーツの通販が充実しているのもうれしい。バターサンドやアイスケーキ、フルーツサンド、マカロンなど、お取り寄せ可能な商品が豊富だ。

八坂神社からほど近くにある、
かわいらしい雰囲気の店

**ヴィーガンマリトッツォ
850円〜**

売れ筋の商品。プレーン（写真）や抹茶などがある

Shop Information

[電] 075-531-7750　[住] 京都市東山区祇園町南側524-2 祇園和喜ビル2F
[交] 市バス東山安井バス停または祇園バス停より徒歩3分
[時] 10:30 〜 17:00　[休] 不定休

Take out **Delivery**

Menu

おからあげプレート
1500円

メインのおからあげは、
自家製タルタルソース
と相性抜群

Menu

とろゆばオムライス
1400円

コーンとカボチャで甘
味と色味を加え、自家
製デミグラスソースで
仕上げた人気メニュー

忙 し い 日 常 を 忘 れ て
ふ と 立 ち 寄 り た い 場 所

京都河原町

mumokuteki cafe & foods

ムモクテキ カフェ アンド フーズ

| Gluten Free | Alcohol Free | GMO Free | Caffeine Free | Sugar Free | Oriental Vegan |

　卵、乳製品、上白糖、肉、魚、化学調味料を一切使用せず、低農薬、無農薬野菜をふんだんに取り入れたメニューが味わえる。なかでもおすすめは、野菜がたっぷり摂れるプレートランチ。メインと、季節ごとに変わる総菜6種、サラダ、ご飯が盛り付けられており、味噌汁も付くボリューム満点の内容だ。メインはおからあげ（醤油ベースの下味がついたおからこんにゃくの唐揚げ）のほか、豆腐ハンバーグも人気がある。季節の果物を使ったスイーツも豊富に揃うので、食後にぜひ。

　広々とした店内には、テーブル席やカウンター席のほか、ソファ席もあり、ゆっくりとくつろげる雰囲気。小さい子ども連れ専用のスペースとして、絵本やぬいぐるみなどが用意されたファミリールームも完備している。

1階にある雑貨店内の階段を上がるとカフェ。窓際席には自然光が降り注ぐ

季節のパンケーキ 1000円（手前）、 自家製レモネード 650円（奥）

スペルト小麦で作ったパンケーキは、季節によって果物が変わる

Shop Information

[電] 075-213-7733　[住] 京都市中京区寺町通蛸薬師上ル式部町261 ヒューマンフォーラムビル2F
[交] 阪急京都河原町駅または地下鉄京都市役所前駅より徒歩10分　[時] 11:30～21:00（20:00LO）
[休] 水曜 ※公式サイトを参照

Take out Delivery

心穏やかな時間を過ごして
平和を実感する場所

Menu

平和的ごはんプレート 1800円
玄米ご飯、スープ、主菜・副菜の小鉢、
ジャスミンティーが付く

平和的ごはんパドマ

神宮丸田町

平和的ごはんパドマ

へいわてきごはんパドマ

All Vegan

Gluten Free	Alcohol Free	GMO Free	Caffeine Free	Sugar Free	Oriental Vegan

　季節の食材や乾物、スパイスを駆使した、身体が喜ぶヴィーガン料理を提供する人気店。平和的ごはんプレートは圧倒的な品数で、京都のおばんざい文化を象徴するように、揚げ物や酢の物、和え物などの主菜・副菜が全10品も付く。どれも素材の味を生かしたやさしい味付けで、だしや薬味を巧みに使い分けてメリハリのある味わいを楽しめるのがうれしい。このほかにもおすすめのメニューは、彩り鮮やかで豪華なブッダボウル1500円。たっぷり野菜が食べられて、身体の芯からケアできるよう薬膳スープも付いている。

　店は鴨川沿いにあり、のどかな河原の景色を眺めながら食事が堪能できるのも魅力のひとつ。

店内はレトロな雰囲気で
おしゃれ

**いちごとラズベリーの
ヴィーガンチーズケーキ
550円**
さわやかなソースと濃厚な
味わいで好評

Shop Information

[電] 075-708-7707　[住] 京都市左京区下堤町82 恵美須ビル2F
[交] 京阪神宮丸田町駅より徒歩3分　[時] ランチ12:00 ～ 15:00、カフェ＆バー＆ナイトフード
15:00 ～ 19:00LO　[休] 月・木曜

Take out Delivery

Menu

**ファラフェルサンド
M858円、L1507円**

手軽に食べられるイス
ラエルの国民食は店の
人気No.1メニュー

エ キ ゾ チ ッ ク な
イ ス ラ エ ル の 世 界 観 に 浸 る

All Vegan

出町柳

イスラエル料理
Falafel Garden

イスラエルりょうり　ファラフェル ガーデン

　イスラエル人の店主がひとつずつ丁寧に手作りするファラフェルを、ピタサンドやプレートセットなどで味わえる。ファラフェルとは、ひよこ豆をつぶしてスパイスを混ぜ合わせ、ボール状にして揚げた中東の伝統料理のこと。卵を入れて作る店もあるが、こちらでは完全ヴィーガンで提供している。

　揚げたてのファラフェルは、外がカリっとしていて、中はホクホク。ピタパンに挟んだファラフェルサンドは食べごたえもあり、1番人気だという。このほかにも、ひよこ豆をゆでてスパイスを混ぜ、ペースト状にしたフムスや、素材にこだわった野菜スープなどもメニューに並ぶ。店は絶好のロケーションにあり、高野川や下鴨神社の森を眺めながらゆっくりと食事が楽しめる。

1・2階のテーブル席に加えて
テラス席もある

豆乳プリン　462円

豆乳ベースのあっさりとしたプリンには黒蜜をかけて

Shop Information

[電] 075-712-1856　[住] 京都市左京区田中上柳町15-2　[交] 叡電・京阪出町柳駅より徒歩2分
[時] 11:30 ～ 15:00、17:30 ～ 21:00（20:30LO）
[休] 水曜

Take out **Delivery**

Menu

ワンプレートセット
1500円

ソイミートを使用した主
菜のほか、ズッキーニの
グリルや根菜のソテーな
ど彩り豊かな副菜が並ぶ

京 都 の 街 並 み に 溶 け 込 ん だ
大 人 の 空 間 で 楽 し む 菜 食 料 理

五条

菜食料理 F ／ エッフェ

さいしょくりょうり エッフェ

All Vegan

| Gluten Free | Alcohol Free | GMO Free | Caffeine Free | Sugar Free | Oriental Vegan |

　"身体にやさしいもの"をコンセプトに、信頼のおける地元の農家から四季折々の野菜を仕入れ、イタリアンで長年活躍してきたシェフが腕を振るう菜食料理の数々が堪能できる。ランチにおすすめのワンプレートセットは、サラダ、スープ、本日の主菜、副菜5〜6品、酵素玄米ご飯が付き食べごたえがある。

　このほかにも、イタリアンシェフの真骨頂であるパスタをぜひ。スペルト小麦のパスタセットは、アレルギー性を抑えた古代小麦の麺を使用しており、小麦の香りがしっかりと感じられる風味豊かな仕上がり。ディナーはアラカルトのほか、本日のシェフのおまかせコース3800円などがあり、米粉パン付きで前菜からデザートまで華やかな料理が楽しめる。

**スペルト小麦の
パスタセット　1500円**

サラダ、スープ、副菜3〜
4品も付く

木の温もりが感じられる町家。
店内も落ち着いた和空間だ

Shop Information

[電] 075-708-6978　[住] 京都市下京区鍵屋町327-2　[交] 地下鉄五条駅より徒歩2分
[時] 11:30 〜 14:30（13:30LO）、17:30 〜 21:30（20:00LO）
[休] 月・火曜、ほか不定休あり

Take out Delivery

Menu

麻婆豆腐セット
1100円

豆腐やトウモロコシ、グリーンピースのやさしい味わいに、ピリッとした辛さも感じられてクセになるおいしさ

Menu

レモンラーメン
880円

スッキリさっぱり、さわやかなラーメンは、薬膳スープをベースに油揚げなどがトッピングされている

刺激的な中華料理のイメージをくつがえす
やさしい味わいの台湾素食

清水五条

台湾素食無垢

たいわんすーしーむく

All Vegan

Gluten Free	Alcohol Free	GMO Free	Caffeine Free	Sugar Free	Oriental Vegan

　台湾出身であるオーナーのこだわりが詰まった、台湾素食（台湾の菜食主義料理）が味わえる。台湾素食は、動物性食材のほか、五葷（ごくん）(ネギ、ニラ、ニンニク、ラッキョウ、タマネギ)を一切使用せず、塩、砂糖、醤油、甜麺醤などのシンプルな調味料で味付ける。コクや旨みは、薬膳のスパイスやゴボウふりかけなど、植物性食材だけで表現するという。

　すべてのセットメニューには、おかわり自由の薬膳スープと、前菜、ご飯、デザート、タピオカドリンクまで付いている。タピオカドリンクは、アッサムと豆乳のミルクティーに黒糖の風味が香る自家製タピオカがゴロゴロ入っていて、モチモチとした食感がたまらない。

席の間隔が広め。
テラス席や個室も完備

愛玉子　556円

植物の種からできる愛玉子
（オーギョーチ）など台湾
ならではのスイーツも揃う

Shop Information

[電]080-4407-0761　[住]京都市下京区石不動之町695 枡儀 ラ クオールビル2F
[交]京阪清水五条駅より徒歩8分　[時]11:30 〜 20:00
[休]日曜

Take out　Delivery

Menu

チップスナチョス
レギュラー 750円

トルティーヤチップス
にタマネギ、ハラペー
ニョなどをトッピング
して食べるナチョス。
ヴィーガンチーズなど
でコクを出している

Menu

ヴィーガンブリトー
ハーフ600円、
レギュラー 880円、
キング1300円

ビーンズがメインのブ
リトー。ハーフでも、か
なりボリュームがある

メ キ シ コ 料 理 の 代 表 ブ リ ト ー を
本 格 派 の 店 で 味 わ う

神宮丸太町

QUE PASA

ケパサ

Option

Gluten	Alcohol	GMO	Caffeine	Sugar	Oriental
Free	*Free*	*Free*	*Free*	*Free*	*Vegan*

　アメリカで育った店主が高校時代に夢中になったというブリトーが味わえる専門店。ブリトーのほかにも、ナチョスやタコスなど、本格的なメキシコ料理が気軽に満喫できるとあって、大阪や神戸、さらには海外にもファンがいるほどの人気店だ。

　自慢のブリトーは、アメリカではハンバーガーに匹敵するほど代表的なファストフードだが、野菜がたっぷり入っていてとてもヘルシー。ヴィーガンブリトーのサイズはハーフ、レギュラー、キングの3種類から選ぶことができ、やわらかくて香ばしいトルティーヤ生地の中にはビーンズを中心にライスやレタスなどの具材が絶妙のバランスで詰まっている。ハーフサイズでもしっかりとお腹にたまる、本場同様のボリューム感もうれしい。

鮮やかなエメラルドグリーンの扉が目を引く

アメリカンな雰囲気の内装が
おしゃれ

Shop Information

[電] 075-708-8973
[住] 京都市上京区上生洲町241　[交] 京阪神宮丸太町駅より徒歩6分
[時] 11:30 〜 14:30、17:30 〜 21:30　[休] 無休

Take out **Delivery**

ハリウッド・セレブ
（ランチセット／前菜・ドリンク付き）
1870円

ハンバーガーのセット。ヴィーガンパティが選択可能

アボカドとトマトの
VEGAN具だくさんボウル
（ランチセット／前菜・ドリンク付き）
1870円

小豆入り寝かせ酵素玄米または武士米のいずれかを選べる

次 世 代 を 担 う 新 ス タ イ ル の ダ イ ナ ー で
ヴ ィ ー ガ ン メ ニ ュ ー を 食 す

二条城前

Premarché Alternative Diner

Option

プレマルシェ オルタナティブ ダイナー

Gluten Free / Alcohol Free / GMO Free / Caffeine Free / Sugar Free / Oriental Vegan

　今まで見たことのないような料理を提供するよう心掛け、身体にやさしい食材を使ってジャンクフードなどを再現する店。料理には化学調味料や酵母エキスなどの食品添加物を一切使用せず、味噌、醤油、塩麹など、日本の伝統素材を発酵させた無添加のものを使用。さらに野菜のブイヨンは自社製品というこだわりようだ。ご飯は九州産の特別栽培玄米に十勝産の小豆を加え、圧力鍋で炊き上げたものを数日かけて発酵させた酵素玄米などを提供している。

　いくつかあるデザートのなかでもジェラートは、ジェラティエーレであるオーナー自ら開発。国際ジェラートコンテストで3年連続受賞歴があるその味は、ヴィーガンとは思えないほど、まったりとしたコクがある。

NYのおしゃれなカフェのような雰囲気

ヴィーガンガトーショコラ　550円

生地に国産麻炭とNS乳酸菌を使用。トッピングのジェラートはバナナ味

Shop Information

[電] 075-600-2233　[住] 京都市中京区橋西町672 プレマヴィレッジ京都三条堀川2F　[交] 地下鉄二条城前駅より徒歩5分　[時] 11:30 〜 14:30（土・日曜は〜 15:00）※30分前LO、17:30 〜 21:30（21:00LO）　[休] 火曜ランチ、水曜　**Take out** **Delivery**

Menu

**おから衣の焼きベジ
コロッケセット
1450円**

新鮮な野菜がたっぷり
食べられて、京都のお
ばんざいも楽しめる

Menu

**発酵ベジカレー
セット　1450円**

薬膳をベースに発酵食
品を組み合わせた胃と
腸にやさしいメニュー

みんなで囲む食卓は
みんながおいしいと思うごはんで

　いっ福café

槇ノ尾

いっ福 café

いっぷく カフェ

| Gluten Free | Alcohol Free | GMO Free | Caffeine Free | Sugar Free | Oriental Vegan |

　アレルギー、体質、ライフスタイルなど、食べるものに制限がある人にも心置きなくおいしいものを食べてほしいと、アレルギーフリー（アレルギー食材28品目中25品目不使用）、グルテンフリー、ギルトフリー、GMOフリー、合成添加物不使用、白砂糖不使用、人口甘味料不使用という7つの原則をもって食事を提供。

　京都の食文化である「おばんざい」を中心に、有機野菜や無添加の発酵調味料を使った身体にやさしいごはんを、京焼の器で楽しめる。ドリンクは、有機にこだわったコーヒーやワインのほか、厳選した日本酒なども用意。クリームやソースにいたるまで自家製のスイーツも提供し、安心しておいしいものが食べられると、多くの人が集う。

丸太の輪切りでできた大きな
看板が目を引く

**ふわふわ豆乳
シフォンケーキ　550円**
いちごクリーム（手前）と、
宇治抹茶クリームの2種類

Shop Information

[電] 075-585-5100　[住] 京都市右京区梅ケ畑引地町27
[交] JR京都駅からJRバス栂ノ尾・周山行き、槇ノ尾バス停下車、徒歩2分
[時] 12:00 〜 20:00 ※要予約　[休] 月〜水曜

Take out Delivery

禅の精進料理を連想させる
身体にやさしい豆乳ラーメン

大豆ミートの担々麺1200円（手前）、茄子の押し寿司2貫 600円（奥）

担々麺は具もスープも大豆が主役。茄子の押し寿司はウナギの蒲焼風で、
ナスで作ったとは思えないできばえ

豆乳ラーメン専門店「豆禅」

松ヶ崎

豆乳ラーメン専門店「豆禅」

とうにゅうラーメンせんもんてん「とうぜん」

All Vegan

Gluten	Alcohol	GMO	Caffeine	Sugar	Oriental
Free	Free	Free	Free	Free	Vegan

　禅の精進料理をイメージして考案した、豚骨、鶏ガラを使わない豆乳ラーメンの専門店。ラーメンのこってりした味を表現するために試行錯誤を繰り返し、豆乳に昆布とシイタケなどのだしを合わせたところ、言葉にできないほど濃厚でおいしいコクを引き出した。麺の上にはキノコの山椒煮などがのっていて、ほかではなかなか味わえない個性的なラーメンとなっている。五葷抜きはもちろん、グルテンフリー対応も可能だ。

　サイドメニューは茄子の押し寿司が人気。味はウナギの蒲焼風で甘だれが絶妙だ。シャリにはデトックスにいいとされる麻炭が混ぜ込まれており、食べれば食べるほど身体にいい。

趣のある石畳を歩いていくと
たどり着く

**豆乳ラーメン ムサシ
1200円**

スープはクロレラ（＋300円）
をチョイス

Shop Information

[電] 075-703-5731　[住] 京都市左京区下鴨東高木町13-4
[交] 地下鉄松ヶ崎駅より徒歩15分　[時] 11:30 ～ 15:00（14:30LO）、18:00 ～ 21:30（21:00LO）
[休] 水・木曜

Take out **Delivery**

古いものと新しいものが
合わさって美しくなる

抹茶パンケーキ　1980円（手前）、季節のパフェ　1480円（奥）
抹茶パンケーキは京都店限定メニュー。有機抹茶とホワイトチョコレー
トを組み合わせたソースが絶品。季節のパフェも人気がある

京都河原町

AIN SOPH. Journey KYOTO

アイン ソフ ジャーニー キョート

Gluten *Free*	Alcohol *Free*	GMO *Free*	Caffeine *Free*	Sugar *Free*	Oriental *Vegan*

　京の台所として知られる錦市場の東端、錦天満宮のすぐそばに、洋風のカフェがある。もともとは教会だったという築100年ほどの建物に、東京ではヴィーガンカフェの先駆的な存在であるAIN SOPH.が入っている。店内に足を踏み入れると、アンティーク調の家具や調度品が並び、レトロな雰囲気。2階席もあり、ゆったりとしていて居心地がいい。

　"みんながおいしいと思うものをヴィーガンで作りたい"という思いで考案されたメニューは、東京でも味わえるもののほかに、有機抹茶を使ったパンケーキや、玄米おむすびと味噌汁のセットなど、京都店限定のものも用意。地元の人も観光客も楽しめる。

古都にも馴染むヨーロッパの
カフェのようなたたずまい

**玄米おむすびと
味噌汁のセット　1400円**

京都店限定のメニューで、
ほっこり

Shop Information

[電] 075-251-1876　[住] 京都市中京区新京極通四条上ル中之町538-6
[交] 阪急京都河原町駅より徒歩3分　[時] 12:00 ～ 17:00（16:00LO）、18:00 ～ 20:00（19:00LO）
[休] 不定休　※公式サイトを参照　Take out　Delivery

スッキリしたいときの
シンプルで特別な食事

Menu | **ハーバルランチ　2500円〜**
スープ、ハーバル八寸、温料理、デザート（豆花）、
ドリンクが付く

京都河原町

Hyssop

ヒソップ

All Vegan

Gluten Free	Alcohol Free	GMO Free	Caffeine Free	Sugar Free	Oriental Vegan

"自分を労わりながら、ゆっくり深呼吸するような時間を過ごしてほしい"と、店名の由来は浄化の意味をもつハーブ「ヒソップ」から。野菜、ハーブ、漢方、ヴィーガン、花などをふんだんに取り入れ、見た目が美しく、食べて満たされる料理の数々を提供している。

ハーバルランチは、会席の八寸から着想を得たハーバル八寸に加え、5種類から選べる温料理（ヴィーガン対応は4種類）、スープ、デザート、ドリンクがセットになっている。季節の野菜や食用花などを"森を食べる"というイメージで彩りよく組み合わせたハーバル八寸を中心に、どれも自然の素材感や香りが存分に堪能できる仕立てとなっている。

キウイの蓮池花　1200円
寺院の蓮池をイメージ。季節でトッピングが変わる

ゆったりとした店内の中心には、開放的な中庭が広がっている

Shop Information

[電] 075-352-3728　[住] 京都市下京区河原町通四条下ル2丁目稲荷町318-6　GOOD NATURE STATION 4F　[交] 阪急京都河原町駅より徒歩2分　[時] ランチ11:30～14:30LO、カフェ14:30～17:00 (16:30LO)、ディナー17:30～21:00 (フード20:00LO、ドリンク20:30LO)　[休] ※GOOD NATURE STATIONに準ずる　Take out　Delivery

ヴィーガンメニューが豊富な
インド料理のレストラン

Indian Restaurant MUGHAL

京都市役所前

Indian Restaurant MUGHAL

インディアン レストラン ムガール

Option

Gluten Free　Alcohol Free　GMO Free　Caffeine Free　Sugar Free　Oriental Vegan

　昭和62年（1987）の創業以来、食を通じてインドの文化を伝え続けているインド料理レストラン。インディアンベジタリアン料理だけでなく、豊富なヴィーガンメニューが用意されており、ヴィーガンターリーには、3種類のヴィーガンカレーや、ベジタブルサモサ、カチュンバル、サラダ、バスマティライス、タンドーリロティ、デザート、ソイマサラチャイまたはコーヒーが付く。アラカルトメニューも12種類のヴィーガンカレーを中心に幅広い品揃えだ。

　"おいしく、楽しく、健やかに"をモットーに作られる料理にファンも多く、インド古典音楽界の人間国宝、サントゥール奏者のシヴ・クマール・シャルマ氏も訪れる。

京都市役所近くのビルの
2階にある隠れ家的店

天蓋とカーテン、アンティークな
調度品が上品

Shop Information

[電] 075-241-3777　[住] 京都市中京区上樵木町496 アイル竹嶋ビル2F　[交] 地下鉄京都市役所前駅より徒歩5分　[時] 12:00〜15:00（14:30LO）、17:00〜23:00（22:00LO）。土・日曜、祝日は12:00〜21:00（20:00LO）　[休] 火曜

Take out　**Delivery**

シンプルな考え方で作られた
京都の野菜を使った定食やスイーツ

Menu

**南インドスペシャルミールス 1320円（中央）、カスタードプリン 550円（奥）、
山食音オーガニックコーヒー 550円（手前）**

ミールスをいただいた後は、プリンやコーヒーを注文してのんびり過ごすのがおすすめ

出町柳

山食音

やましょくおん

All Vegan

   Caffeine Free Sugar Free Oriental Vegan

Gluten Free　Alcohol Free　GMO Free　Caffeine Free　Sugar Free　Oriental Vegan

　鎌倉の山道具メーカー「山と道」と、京都のVEGAN食堂「PLANTLAB.」が共同運営するスペースで、オーガニック野菜や豆、雑穀にこだわった南インドのミールスと、米の蒸しパン・イドゥリのセットを提供。気温の変化に合わせてスパイスの調合を変更するというミールスは、繊細な味わいが堪能できると評判だ。食事メニューは2種類のみにすることで、食品ロスも減らしている。食後には、ヴィーガンとは思えないほど濃厚な味わいのカスタードプリンをぜひ。

　また、店内では「山と道」の商品の販売や、地元の山へ行く人に向けて情報を提供する山部門、カセットテープレーベル「kolo」の拠点、ペアマイク録音の受付窓口などの音部門があり、多分野が交流できる場を目指している。

コンクリート打ち放しのおしゃれな店内。
木製のカウンター席とテーブル席がある

南インドスペシャルミールスには日替わりで3品のカレーが付く

Shop Information

[電]090-1910-7555　[住]京都市上京区梶井町448-13 清和ビル2F-A
[交]叡電・京阪出町柳駅より徒歩7分　[時]12:00 〜 15:00（14:30LO）、18:00 〜 21:30（21:00LO）
[休]火・水曜、ほか不定休あり　Take out　Delivery

自家製酵母パンの
やさしい香りに満たされる空間

Menu

**天然酵母パンプレート
1100円**

5種類のパンが味わえ、
お得感がある。たっぷり
のサラダ、スープ付き。
ドリンク付きは1450円

Menu

発酵パフェ　1100円

季節のフルーツや、豆
腐を使ったアイス、豆
乳ヨーグルトなどが入
りヘルシー。季節ごと
に数種類を用意。ドリ
ンク付きは1450円

出町柳

apelila

アペリラ

　2007年にパン教室として始まった、下鴨神社近くにあるベーカリー＆カフェ。オーナーは、ゆったり過ごせるカフェとしていい物件を探し続け、高野川沿いにみつけたのがこの場所だ。木の温もりがあふれるカフェスペースには小さな中庭もあり、リラックスできる。

　パンには京都産の全粒粉と19年間継ぎ足している自家製酵母、オーガニックドライフルーツなど、厳選した素材が使われている。天然酵母は、気候などで状態が日々変化するため、常にチェックしながら、時間をかけて丁寧に育てている。そのようにして作られたパンは、卵やバターを使わずとも豊かな味わいで、地元の人々を魅了している。

食パン（小）1斤670円、スコーン（大）700円など焼きたてのパンや焼菓子が並ぶ

ベーカリーの奥が
カフェスペース

Shop Information

[電] 075-203-8506
[住] 京都市左京区高野蓼原町36-3　[交] 叡電・京阪出町柳駅より徒歩7分
[時] 10:00 ～ 18:00　[休] 月・火曜

Take out　Delivery

お 好 み の ヴ ィ ー ガ ン 弁 当 を
気 軽 に テ イ ク ア ウ ト

今出川

玄 gen

ゲン

| Gluten Free | Alcohol Free | GMO Free | Caffeine Free | Sugar Free | Oriental Vegan |

　"からだが喜ぶ、心が満たされる"をコンセプトに、ヴィーガン＆グルテンフリーメニューを展開するテイクアウト専門店。長年、食に携わり続けた店主が、本当の食とは何かということを考え、たどり着いたのがヴィーガン料理だったという。

　ランチにぴったりのメニューには、玄genのハンバーグ弁当のほか、豆腐の唐揚げが入ったアーユルヴェーダカレー1188円、豆腐のタコスミートやナッツチーズを使用したタコライス1080円などが揃う。さらに、ふわふわモチモチに仕上げた100％米粉パン324円〜や、豆腐、カシューナッツ、カボチャのソースで作るキッシュ770円、ケーキ540円〜や焼菓子216円〜などのスイーツまで、常時30種類以上のメニューを用意している。

100％米粉のパン　324円〜
つなぎを使用せずに米粉のみで作られた店の看板メニュー

パープルののぼりが目印

Shop Information

[電] 080-2400-9659　[住] 京都市上京区花開院町127 ハイムいすず1F　[交] 地下鉄今出川駅より徒歩15分　[時] 11:00〜20:00 ※売り切れ次第終了　[休] 不定休 ※公式サイトの営業日カレンダーまたはSNS参照

Take out **Delivery**

Menu

**週替わりごはん
1210円**

玄米と野菜が中心
の1番人気メニュー

Menu

**野菜とソイミートの
カレー　990円**

カレーには新鮮な野
菜と大豆ミートを使
用。サラダ付き

朝 も 昼 も き ち ん と 食 べ ら れ る
日 常 使 い に 最 適 な カ フ ェ

Whole Food Cafe Apprivoiser

清水五条

Whole Food Cafe
Apprivoiser

ホール フード カフェ アプリボワゼ

Option

Gluten	Alcohol	GMO	Caffeine	Sugar	Oriental
Free	Free	Free	Free	Free	Vegan

　店名の「アプリボワゼ」とは、フランス語で「絆」という意味。身体を作る健康的な食べ物や飲み物、心を豊かにする音楽など、店から生まれる絆がずっと続くよう、願いを込めて名付けた。できる限りオーガニック食材や無添加食品を使って、丁寧に調理された食事やスイーツが食べられる店だ。

　朝7時から営業しており、玄米ご飯と野菜、豆、雑穀、発酵食、ベジブロス（野菜スープ）を中心とした朝食や、ランチメニューが豊富にあるのがうれしい。素材の自然な甘さが引き立つ自家製スイーツ600円〜や、オーガニックコーヒーなどもあるので、ティータイムにもぴったりだ。また、ヴィーガンとノンベジタリアンの両方が楽しめるよう、肉を使用したメニューも一部用意されている。

ナチュラルなインテリアで統一され清潔感あふれる内装

オーガニックコーヒー
500円

ホッとする味わいで朝から
人気

Shop Information

[電] 075-351-6251　[住] 京都市下京区河原町通松原下ル植松町716　[交] 京阪清水五条駅より徒歩5分　[時] 7:00〜17:00（16:30LO）　[休] 月曜、第2火曜、ほか不定休あり

Take out　**Delivery**

沖縄料理をベースにした
アジアン多国籍なレストラン

Menu

**ヴィーガン
タコライス　1100円**

沖縄発祥のB級グルメ
をヴィーガンで。大豆
ミートを使用し、チー
ズの代わりにアボカド
がたっぷり。家で作れ
るベジタコキットも店
頭で販売している

Menu

**ナシチャンプルー
1000円**

インドネシアの「ご飯
（＝ナシ）」と、沖縄
の「混ぜる（＝チャン
プルー）」からネーミ
ングされた、日替わり
総菜のランチプレート。
味噌汁付き

北白川

asian chample foods goya

アジアン チャンプルー フーズ ゴヤ

| Gluten *Free* | Alcohol *Free* | GMO *Free* | Caffeine *Free* | Sugar *Free* | Oriental *Vegan* |

　銀閣寺のほど近く、町屋が並ぶ通りの一角で、沖縄や東南アジアなど南国の雰囲気が感じられる店。現地直送の食材や地野菜をふんだんに使用した沖縄料理をはじめ、ハーブやスパイスを取り入れた東南アジア各国の料理が自慢だ。

　国籍ならぬ"食籍"なき食卓を目指しているというオーナーは、宗教上の理由などから肉が食べられない人、食べ物にアレルギーのある人、お酒を飲まない人など、さまざまな食のスタイルをもっていても、誰もが楽しく一緒のテーブルを囲んでほしいといい、タコライスにしても肉で作った通常のものに加え、ベジタリアン、ヴィーガンに対応したものを揃えている。パーティープランにベジタリアン・ヴィーガンコース（フリードリンク2時間付き）4200円があり、大人数でも使いやすい。

ヴィーガンバナナタルト 430円

沖縄茶370円〜と合わせる
のもおすすめ

さまざまな南国の文化が入り
混じっているおしゃれな店内

Shop Information

[電] 075-752-1158
[住] 京都市左京区浄土寺西田町114-6　[交] 市バス北白川バス停より徒歩1分
[時] 11:30 〜 14:30LO、17:30 〜 22:00LO　[休] 水曜　　**Take out** **Delivery**

Menu

**光兎ごはんプレート
2200円**

たっぷり野菜のプレートは見た目にも美しい。売り切れ次第終了

洗 練 さ れ た 和 モ ダ ン の 空 間 で
心 も 身 体 も 満 た さ れ る 菜 食 を 味 わ う

浄土寺

菜食 光兎舎

さいしょく こうさぎしゃ

　無農薬、減農薬の野菜や、自然農野菜を無添加で使用し、季節の野菜それぞれの持ち味である苦味や雑味を生かした菜食料理が楽しめる。一品ずつ丁寧に作られた光兎ごはんプレートの料理は、日本の家庭料理にあまり使わないセロリやスパイスを使ったり、ダイコンやゴボウなど日本の食材を外国料理に仕立てたり、工夫が感じられるものばかり。味のよさはもちろん、ボリュームがあり、心も身体も満たされる。井戸水を使って淹れたオーガニックコーヒーやハーブティーも、ホッとひと息つくには最適。人気店のため予約してから訪れたい。

　また、1階は店主の兄弟が運営しているギャラリー。若手アーティストの展示会などが開催され、食とアートを繋ぐ役割も担っている。

グレーの床や壁には麻炭が練り込まれている

光兎ごはんプレートに付く
酒粕のポタージュ

Shop Information

[電] 075-761-7707　[住] 京都市左京区浄土寺上馬場町113 木のビル2　[交] 市バス各線浄土寺バス停よりすぐ　[時] 11:30～15:00LO　[休] 日～火曜、ほか不定休あり

Take out　Delivery

Menu

月（一汁六菜）
5500円

この日の献立は、白和え
や湯菜の煮浸し、青大
豆の擂り流し仕立の椀物、
胡麻豆腐など。2名以上
で前日までに要予約。庭
園参拝料別途500円

250席もある大広間の
座敷席。必要な人には
イスの用意もある

世界遺産で優雅にいただく
古式ゆかしい精進料理の世界

嵐山

精進料理 篩月

しょうじんりょうり しげつ

All Vegan

Gluten Free	Alcohol Free	GMO Free	Caffeine Free	Sugar Free	Oriental Vegan

　世界遺産である天龍寺の庭園内にある、寺直営の精進料理店。鎌倉時代に禅宗の教えとともに中国から伝えられた精進料理は、禅宗の修行のひとつ（食べること）とされ、精神と自然の調和から生まれる心の自由を味わうために完成された調理法だ。動物性の素材を一切使用せず、野菜や山菜、野草、海藻類を主にした素材を使用し、健康にもいいといわれている。

　大広間の座敷席でいただく精進料理の御膳は、雪（一汁五菜）3300円、月（一汁六菜）5500円、花（一汁七菜）8000円の3種類があり、季節により献立が変わる。天龍寺の名庭を眺めながら旬の味覚をいただけば、誰もが心が洗われるような気持ちになるはずだ。

有名なグルメガイドにも
掲載されている

四季折々の風景に囲まれながら食事を

Shop Information

[電] 075-882-9725　[住] 京都市右京区嵯峨天龍寺芒ノ馬場町68　[交] 嵐電嵐山駅より徒歩5分
[時] 11:00 ～ 14:00　[休] 不定休

Take out　Delivery

Menu

甘きつねうどん
957円

カレーうどん以外のメ
ニューもあり、やさし
い味わいにホッとする

Menu

きつねかきあげ
カレーうどん
1144円

油揚げとかき揚
げ、カレーの旨
さが同時に楽し
める

Menu

大豆ナゲット
野菜カレーうどん
1166円

大豆ナゲットと季節
の野菜のトッピング

関 西 庶 民 の 味 を
菜 食 で 食 べ ら れ る 喜 び

　　　京のカレーうどん 味味香

祇園

京のカレーうどん 味味香

きょうのカレーうどん みみこう

Option

| Gluten Free | Alcohol Free | GMO Free | Caffeine Free | Sugar Free | Oriental Vegan |

　昭和44年（1969）の創業以来、"京のカレーうどん"を伝承し続けている店。京料理において命ともいえるだしは、旨みを最大限に引き出した昆布だしを使用。通常は魚のだしが必ず入るところを昆布のみとし、独自にブレンドした11種類のスパイスを加えて、片栗粉で"カレーあんかけ"に仕上げている。麺は国産の小麦粉を使用。ひと口食べると、モチモチとした食感とともに、だしの香りとカレーの風味が口の中に広がる。

　カレーの濃さは選ぶことができるうえ、4種類の卓上調味料（京の七味、赤山椒、洋風七味、京山椒）があり、味の変化を楽しめるのもうれしい。トッピングも植物性の具材だけで満喫できる。

八坂神社のすぐ隣に店を構える。趣のある看板とのれんが目印

1階はカウンター席、2階はテーブル席となっている

Shop Information

[電] 075-525-0155　[住] 京都市東山区祇園町南側528-6　[交] 市バス祇園バス停より徒歩1分、京阪祇園四条駅より徒歩10分　[時] 11:30~21:00（20:30LO）※売り切れ次第終了
[休] 月曜（祝日の場合は翌日）　Take out　Delivery

Menu

**玄米おはぎ
各200円〜**

左上から時計まわりに、
ラムレーズン、青大豆、
ほうじ茶、きなこ、小
豆、ヘーゼルナッツ

Menu

**週替わり まぜご飯と
季節のおかずと味噌汁
1100円**

ご飯は酵素玄米、この日
のおかずは春巻、水餃子、
人参のラペ、キャベツと
さつまいもとテンペのエ
スニック煮など

手 作 り の お は ぎ が 有 名 な
セ ル フ リ ノ ベ ー シ ョ ン の 喫 茶 店

三条

喫茶ホーボー堂

きっさホーボーどう

All Vegan

| Gluten Free | Alcohol Free | GMO Free | Caffeine Free | Sugar Free | Oriental Vegan |

　夫婦2人で切り盛りする喫茶店。ゆっくり本を読んでもらえるような、くつろぎの場所を目指したという店内は、昼下がりの贅沢な時間を過ごしたいときにおすすめの穏やかな空間だ。

　名物のおはぎは、小豆やきなこなどスタンダートな味のほか、ほうじ茶やヘーゼルナッツといった、ほかにはなかなかないユニークな味も豊富に揃い、いろいろと試したくなる。なかでも特に人気があるというおはぎは、ラムレーズン。冬季の限定だったが、リピーターが多かったため定番にしたそう。食事メニューは、農家から届いた旬の野菜をふんだんに使った週替わりランチがあり、持ち帰り用の弁当も用意している。

たくさんの本に囲まれ、リラックスできる空間

懐かしい雰囲気が漂う店。
「おはぎ」ののぼりが立つ

Shop Information

[電] 080-7325-3697　[住] 京都市左京区仁王門通東大路西入ル正往寺町452
[交] 京阪三条駅・地下鉄三条京阪より徒歩9分　[時] 11:30 〜 16:30LO（食事は11:30 〜）
[休] 月・火曜、ほか不定休あり　**Take out** Delivery

官公庁にも、ミートフリーデーがある！？

　イギリスでは、動物保護や地球環境保護のために、肉食を少しでも減らそうというキャンペーンとして「ミートフリーマンデー」という取り組みがあります。日本でもそれぞれの事情を鑑みながら、一週間に一日でも肉を食べない日を設けようという動きがあることをご存じでしょうか？

　官公庁も例外ではなく、内閣府はミートフリーデーをいち早く導入。金曜日には内閣府内にある食堂に100％植物性で作られたランチのメニューが並びます（基本、職員のみ利用可）。気象庁では水曜日にヴィーガン食がメニューに入り（一般利用可）、農林水産省の生協ではヴィーガンヌードルやヴィーガンカレーといった食材が販売されるなど、ミートフリーへの取り組みが進んでいます。また、東京都庁でも「東京都庁ベジ・メニュー」として、職員食堂にヴィーガンメニューを導入し、その流れは少しずつ広がっています。

　官公庁でのミートフリーメニュー導入のきっかけのひとつが、気候変動や環境問題に対する問題意識です。「ミートフリーマンデー」同様、一人でも、一日でも、少しでも、肉食を減らすことで地球全体の環境問題に貢献しようという動きです。そして、ヴィーガンという食を通じ、誰もが文化や習慣などの背景を気にすることなく食事をするという、食の多様性に対応することへの大切さ、の認識も広がりつつあります。

　取り組みとしては少しずつですが、地球の未来に向けて、地球環境の改善、食のダイバーシティ、価値観の多様化を進め、人類が互いに認め合うことのできるような平和な世界を目指していきましょう。

▲金曜日の内閣府の食堂。
週替わりでヴィーガンメニューが並ぶ

大阪
Area

現代的でエネルギッシュな雰囲気の店が多いエリア。明るく楽しく情熱的な店で、見た目も華やかで美しい料理が楽しめる。力強い食材を使った料理と、活力のある町で、元気を手に入れよう

Menu

野菜寿司セット
2453円

季節の野菜を使った看板メニュー。セットにはお吸い物が付く。単品は2145円〜

Menu

薬膳キムチラーメン
1980円

北海道産の小麦粉を使用した麺に、漢方のクセを感じさせないコクのあるスープが特徴

安心・安全の食材を使った
野菜料理が満喫できる

All Vegan

宇野辺

ORIBIO Cafe Dining

オリビオ カフェ ダイニング

| Gluten Free | Alcohol Free | GMO Free | Caffeine Free | Sugar Free | Oriental Vegan |

　自社の畑で採れたORIBIO野菜や、オーガニック野菜をふんだんに使用し、ベジタリアン、ヴィーガン、マクロビオティックなど、各種スタイルに対応したメニューが堪能できる。微生物群の発酵力を活用してバランスのいい土壌で育てた野菜や自然農法の野菜は、ひと味違うと評判。

　こだわりの調味料は、国産有機醤油や、国産有機米酢、海洋深層水の塩、骨炭不使用の有機砂糖、脂肪酸バランスオイルなどを厳選。すべての料理や水には光合成細菌、乳酸菌、酵母の3種類の善玉菌が生み出す有用成分に着目した発酵ドリンクを使用しているため腸内環境にもいい。看板メニューの野菜寿司は、無農薬米を鍋で炊き、国産有機米酢と合わせた酢飯を野菜で握ったもの。食事は要予約。

伊丹空港からモノレールで
20分ほどのところにある

プレミアムチョコレートケーキ　1059円

ブラックコーヒー 759円とともにどうぞ

Shop Information

[電] 06-6875-5878　[住] 吹田市青葉丘北7-2 Origin Ship1F　[交] 大阪モノレール宇野辺駅より徒歩7分　[時] 11:00 ～ 20:00（19:30LO）　[休] 不定休　※公式サイトを参照

Take out **Delivery**

美容やダイエットも考えて
身体にやさしい食事ができる

Menu

**畑のお肉・大豆ミートの
から揚げ定食
1859円**

から揚げは、鶏肉を食べ
ているような錯覚を起こ
すほど完成度が高い。有
機玄米や、ミニデリ、オ
ーガニックサラダ、本日
のカップスープが付く

Menu

**ヴィーガンボロネーゼ
スパゲティ
1490円**

ヴィーガンといわれな
ければわからないほど
のクオリティ

四ツ橋

しぜんバル パプリカ食堂 Vegan

しぜんバル パプリカしょくどう ヴィーガン

All Vegan

| Gluten Free | Alcohol Free | GMO Free | Caffeine Free | Sugar Free | Oriental Vegan |

"たべて、のんで、きれいになる。"を提唱する、完全菜食ベジタリアンカフェ＆バル。安全とおいしさにこだわったメニューは、肉、魚、卵、乳製品、加工食品、白砂糖、農薬、化学調味料、過剰な添加物、遺伝子組み換え食品を使用せず、オーガニック素材を厳選して作っている。なかでもおすすめのメニューは、照り焼きソースやヴィーガンマヨネーズ、コショウなどで味付けた、から揚げがメインの畑のお肉・大豆ミートのから揚げ定食や、大豆ミートで作られた菜食ソースが絶品のヴィーガンボロネーゼスパゲティ。

木の温もりを感じる居心地のよい店内では、食事に加え、スイーツや有機ドリンク、オーガニックワイン、カクテルなども楽しめる。

ヴィーガンパフェ
1210円

見た目もゴージャスで
大人気のスイーツ

ウッドデッキのテラス席がある
開放的な雰囲気の店

Shop Information

[電] 06-6599-9788　[住] 大阪市西区新町 1-9-9 アリビオ新町 1F　[交] 地下鉄四ツ橋駅より徒歩2分
[時] 11:30 〜 15:00（14:00LO）、17:30 〜 22:00（21:00LO）　[休] 無休

Take out **Delivery**

Menu

**ヴィーガンクラフトバーガー
1200円**

クレンズの効果があるといわれる竹
炭が練り込まれた黒いバンズ。豆
と野菜で手作りしているプラントベ
ースのパティは味わい深い逸品

Menu

**ヴィーガン定食
3種類　900円、
4種類　1300円**

好みのベジタパスが選
べる。写真はビーツと
蓮根の酢の物、茄子の
カレー煮、アボカドと
久米島天然塩もずくの
ヴィーガンナゲッツ、
丸ごと椎茸グラコロ

和とジャマイカの融合
それは無国籍、多国籍

四ツ橋

base Island Kitchen

ベース アイランド キッチン

Option

Gluten Free　Alcohol Free　GMO Free　Caffeine Free　Sugar Free　Oriental Vegan

　こだわりの自然派食材をふんだんに使用し、日本人好みに味付けしたジャマイカ料理が味わえる店。ジャークチキン（スパイシーなチキングリル）以外はすべてヴィーガン対応のメニューとなっており、ハンバーガーのバンズとピタを除くすべてのパンはグルテンフリーだ。農家直送の有機野菜や米などを厳選し、活性酸素の除去も期待されている水素水を仕込みで使用するなど、身体にやさしく、見た目にもこだわったメニューを提供している。

　日本の食材を使用して作るジャマイカ料理は、ベースにトマトが多く使われており、ニンニクやショウガ、ブラックペッパー、タイム、チリといったスパイスやハーブがたっぷり。しっかりとした味付けで、お酒のつまみにもぴったりだ。

「ちょっと和風、ちょっと外国」というこだわりが詰まった店内。カウンター席のみ

日替わり焼菓子CBD
チョコスイーツ　650円〜

ボリューム満点で食べごたえがある

Shop Information

[電] 080-7013-5231　[住] 大阪市西区北堀江1-16-27　[交] 地下鉄四ツ橋駅より徒歩4分
[時] 11:30 〜 16:00（15:30LO）　[休] 日〜水曜

Take out Delivery

Menu

**ほうれん草と
カシューナッツの
ベジカレー
957円**

ホウレンソウ、カシューナッツ、ココナッツミルクで甘味を引き出したカレー。旬の野菜が添えられる

Menu

**ヴィーガンココナッツ
チーズケーキ
715円**

ココナッツの風味を生かしたチーズケーキ風のスイーツ。ボトムの米粉のココア生地はココナッツファイバー入り

おいしい健康料理には
フィリピンのココナッツがたっぷり

四ツ橋

Cocowell cafe

ココウェル カフェ

| Gluten Free | Alcohol Free | GMO Free | Caffeine Free | Sugar Free | Oriental Vegan |

　ココナッツ専門ブランド「ココウェル」が直営するカフェ。途上国の環境問題を学ぶためにフィリピンの大学へ留学していたというオーナーが、"ココナッツ農家をはじめとするフィリピンの貧困問題の解決に少しでも貢献できたら"と、フィリピン産の有機ココナッツを使用したヘルシーメニューを提供している。人気メニューは、食べごたえのあるほうれん草とカシューナッツのベジカレーや、ベジタコライス、ヴィーガンココナッツチーズケーキ。このほか、ココナッツファイバー入りのパイ生地を使用したヴィーガンキッシュ880円もおすすめだ。

　すべての料理に使用する油は、酸化しにくく、代謝がいいココナッツオイル。白砂糖は使わず、低GIのココナッツシュガーで甘味を出している。

店内は広々としており、落ち着いた雰囲気で過ごしやすい

ベジタコライス
990円

チリコンカンには、ひき肉の代わりにタカキビを使用

Shop Information

[電] 06-6531-5572　[住] 大阪市西区北堀江1-13-21　[交] 地下鉄長西大橋駅または四ツ橋駅より徒歩4分　[時] 11:30〜19:00（18:30LO）　[休] 水曜

Take out **Delivery**

ラーメン、味噌、発酵を愛し
みんなが幸せな食卓を目指す

ヴィーガン京都
660円（ひろうすトッ
ピング280円）

チャーシューの代わり
に大きなひろうす（が
んもどき）をのせて

　　　　　　みつか坊主　醸

大阪駅周辺

みつか坊主　醸

みつかぼうず　かもし

Gluten *Free* / Alcohol *Free* / GMO *Free* / Caffeine *Free* / Sugar *Free* / Oriental *Vegan*

　大阪では数少ない味噌ラーメン専門店。アレルギーや宗教上の理由など、さまざまな事情で動物性のものが食べられない方にも味噌ラーメンを食べてほしいと作られたのが、4種類のヴィーガンラーメンだ。日本全国から厳選した味噌を使用し、それぞれの特徴を生かした味わいとなっている。

　なかでもイチオシのヴィーガン京都は白味噌がベースとなっており、香ばしいフライドオニオンがラーメンのおいしさを引き立てている。このほかにも赤味噌がベースのヴィーガン大阪660円などがあり、プラス250円で玄米で作られたグルテフリー麺に変更することも可能だ。チャーシューの代わりに大きなひろうす（がんもどき）がトッピングできるなど、和食色の強いラーメンをぜひ。

天井が高くスタイリッシュな店内。ベビーカーや車椅子でも利用しやすい

**本日のアイスクリン
220円**

季節の食材が使われており、
この日はベリー

Shop Information

[電] 06-6442-1005　[住] 大阪市北区大淀南1-2-16　[交] JR大阪駅より徒歩10分　[時] 18:00〜22:00LO（土曜は11:30〜14:30、18:00〜22:00、日曜は11:30〜14:30）　[休] 月曜

Take out / Delivery

想像を超える旨みが広がる
ラーメンの世界

Menu

醤油べじらーめん
940円

スープはスッキリとした味わいながらコク深くまろやか。油揚げと野菜をトッピング

Menu

汁無しべじ担々麺
970円

平麺によく絡む、オリジナルブレンドのたれが絶品。ラー油の辛味と山椒の香りが漂う

樟葉

べじらーめん ゆにわ

べじらーめん ゆにわ

All Vegan

| Gluten Free | Alcohol Free | GMO Free | Caffeine Free | Sugar Free | Oriental Vegan |

　"食べれば食べるほど健康になるようなラーメンを作りたい"という店主の思いで誕生した植物性ラーメン専門店。試行錯誤の末に完成しただしは、羅臼昆布と利尻昆布、シイタケに加え、10種類の野菜や、クローブ、黒コショウなどをブレンドして奥深い味わいに仕上げた。人気No.1の醤油べじらーめんは、そこに特製の醤油や塩、きび砂糖を加えたもの。昆布と野菜の旨みを引き出した深みのあるスープに、全粒粉で作ったもっちりとした麺がよく絡む。具はジューシーな油揚げや、レタス、葉野菜、白ネギなどがのって、食べごたえもたっぷりだ。

　このほかにもラーメンは、塩、レモン胡麻、トマトなど多彩な品揃えで、つけ麺や担々麺、和えそばなども用意している。

べじ餃子6個　500円

軽いので、ペロリと食べられる

清潔感のある店内はコの字型のカウンター席が14席

Shop Information

[電]072-856-1223　[住]枚方市楠葉美咲3-12-6 美咲ハイツ1F　[交]京阪樟葉駅より徒歩18分
[時]11:30〜15:00、17:30〜21:00　[休]無休 ※水・木曜はメニュー限定営業

Take out　Delivery

大阪初のヴィーガンスイーツ専門店で
シンプルで、スタイリッシュなスイーツを

Menu

**抹茶モンブラン
702円**

抹茶が練り込まれた上
品なマロンクリームの
トリコになること間違
いなし

Menu

**ピスタチオクッキー
360円**

ひと口食べると口の中
がピスタチオの香りに
包まれる

堺筋本町

Vegancafe sister

ヴィーガンカフェ シスター

All Vegan

| Gluten Free | Alcohol Free | GMO Free | Caffeine Free | Sugar Free | Oriental Vegan |

　2020年11月にオープンした大阪初のヴィーガンスイーツ専門店。卵や乳製品など動物性の食材は一切使用せず、生菓子はすべてグルテンフリー＆白砂糖不使用。アレルギーがある人や、子どもも安心して食べられるのがうれしい。

　アメリカ、アジア、スペインをはじめとするヨーロッパなど世界36カ国を旅したパティシエが各地で勉強を重ね、独自の調理法で作り出すケーキはデザイン性が高く、味はもちろん目でも楽しめる。生菓子は抹茶モンブランのほか、苺のタルト693円や、ザッハートルテ539円などが人気だという。このほかにも、旬のフルーツを取り入れた季節限定の生菓子、クッキーやクロワッサンなどの焼菓子、糖質オフの商品などもあるので、いろいろ試したい。

オーツラテ　648円
苦味とまろやかさがスイーツとよく合う

グレーを基調としたスタイリッシュな店内。イートインスペースもある

𝒮𝒽𝑜𝑝 𝐼𝑛𝑓𝑜𝑟𝑚𝑎𝑡𝑖𝑜𝑛

[電] 06-4708-8903　[住] 大阪市中央区博労町1-5-15 ナニワビル102　[交] 地下鉄堺筋本町駅より徒歩5分　[時] 11:00 ～ 19:00　[休] 水・木曜

Take out Delivery

茶倉三昧コースＡ
5500円

ディナーでいただける5
〜6皿構成のコース。
土鍋で炊く季節の野菜
ごはんも美味。前日ま
でに要予約。2名〜

野菜三昧コース
3300円

ランチタイムにおすす
めの玄米菜食のコース。
ミニデザート付き。前
日までに要予約。1名〜

身体と心を整える
こだわりの野菜料理

菜食和合茶倉

三国ヶ丘

菜食和合茶倉

さいしょくわごうちゃくら

Option

Gluten Free

Alcohol Free

GMO Free

Caffeine Free

Sugar Free

Oriental Vegan

　多民族の文化に触れながら海外で料理修行をしたご主人と、エスニック料理店や創作料理店で研鑽を積んだ奥様のご夫婦で営む店。ご主人は海外で自然に近いライフスタイルやベジタリアンの文化に触れ、さまざまな土地の野菜料理を独学で追究したという。

　大阪の中心部から少し離れた堺市は、車を少し走らせると田園地帯が広がり、湧き水が豊富であることからおいしい農作物が育つ。地元産を中心に、日本中から厳選した野菜を取り寄せ、四季が感じられる料理を提供している。ランチ、ディナーともに予約もお忘れなく。築80年以上の日本家屋を改装した趣のある店内で、ここでしか味わえない菜食料理をぜひ。

畳のため靴を脱いでから店内へ

豆乳ラッシー　880円〜
自家製豆乳ヨーグルトで作ったラッシー

Shop Information

[電] 072-238-6733　[住] 堺市堺区陵西通2-24　[交] JR三国ヶ丘駅から南海バス堺駅南口または堺東駅前行き、一条通バス停下車、徒歩5分　[時] 11:30 〜 14:30、18:00 〜 22:00（予約制）
[休] 土曜、第1・3日曜、水曜ディナー　**Take out** Delivery

旬 の 野 菜 が 美 し く 華 や か に ！
特 別 な 時 間 を 彩 る 菜 食

天満

Funachef

フナシェフ

Option

| Gluten Free | Alcohol Free | GMO Free | Caffeine Free | Sugar Free | Oriental Vegan |

オーナーシェフ自ら生産者のもとを訪れ、季節ごとに採れる安心で安全な食材だけを使用し、その日限定のメニューを提供。フードロスを減らす取り組みのほか、店内の内装や備品等には廃棄資材を使用するなど、まだ活用できる資源を利用する循環型レストランの実現を目指している。

シェフはフランス・パリや、日本のさまざまなレストランで修業し、元サッカー日本代表の本田圭佑氏の専属シェフとして各国で活躍した経歴をもつ。さらに史上最年少でフランスのグルメガイドにも掲載された実力の持ち主だ。規格外の野菜などを利用して作り出される料理の数々は、目でも楽しむことができ、心と身体を癒してくれる。ランチ、ディナーともに要予約。

天五中崎通商店街に隣接する黒崎町公園のはす向かいにある町家の2階

廃材を使用して作られたとは
思えない高級感漂う空間

Shop Information

[電] 06-6450-8565　[住] 大阪市北区黒崎町6-4 2F　[交] JR天満駅より徒歩5分　[時] 12:00 〜 14:00、18:00 〜 21:00　[休] 月・火曜

Take out　Delivery

やさしい味付けで
素材の持つ力を引き出す

**プラントベース
ブラウンライスセット
ランチ1000円、
ディナー1650円**

玄米、味噌汁、メインに、
副菜が6品も付く。こ
の日のメインは大豆ミ
ートのメンチカツ

**担々麺
1000円**

北海道産小麦を100％
使用した、こだわりの
練りゴマスープ。玄米
麺に変更可能

西中島南方

Imakokokitchen Merrymomo

イマココキッチン メリーモモ

All Vegan

　マクロビオティックをベースとした、心と身体が喜ぶ料理を提供。可能な限り無化学肥料の野菜と自然な食材を使用し、浄水された水で仕込みを行っている。調味料は伝統的に作られた味噌や醤油を使用し、化学調味料や添加物、白砂糖は不使用というこだわりだ。

　平日は朝の7時30分からオープンしており、玄米粥やオートミール粥などが付くモーニングセット700円〜が食べられる。ランチはプラントベースブラウンライスセットをはじめ、パスタやカレー、ラーメンなどのセットも用意。また、店内では自然食材の販売のほか、料理教室も開催されており、マクロビオティックの基礎や陰陽五行を取り入れたコースなどが受講できる。

季節の甘酒タルト　540円

和の要素を取り入れた洋菓子

オフィス街にあり、落ち着いた雰囲気の店内

Shop Information

[電] 06-6300-7972　[住] 大阪市淀川区西中島6-8-8 花原第8ビル101　[交] 地下鉄西中島南方駅より徒歩5分　[時] 7:30〜10:00、11:00〜14:00、17:00〜22:00（要予約）
[休] 日曜、祝日、土曜モーニング　　　　**Take out** **Delivery**

自分らしいスタイルで過ごせる
おいしい野菜が集まる場所

Menu

ベジカフェライスサラダ　1320円

この日の野菜はリーフやオクラ、ニンジン、ラディッシュなど全12種類。
天然酵母パンとスープが付く

vege cafe + α

西中島南方

vege cafe +α

ベジ カフェ プラスアルファ

"自分たちで育てた野菜を初めて食べた時の感動を届けたい"とオープンしたカフェ。店の屋上で育てた無農薬野菜に加え、安心・安全な野菜を仕入れ、間違いなくおいしいと確信がもてるものだけを提供している。旬の野菜の新鮮なおいしさを、見たり、嗅いだり、触れたりして楽しみ、味わってほしいという。

なかでも、野菜本来のおいしさが存分に堪能できる究極のメニューといえば、ベジカフェライスサラダ。力みなぎる旬の野菜は味が濃く、それぞれの特徴的な風味がしっかりと感じられる。自家製の酵素ドレッシングにもニンジンとタマネギを使用しており、大地の恵みが存分に満喫できる。食後のデザートには、本場イタリアのジェラート大会で3年連続入賞したというヴィーガンジェラートをぜひ。

遠くからでもわかるほどグリーンに囲まれている

**黒ごまとチョコレートの
ジェラート ダブル　770円**

米粉100%のクッキー付き。
テイクアウトは100円引き

Shop Information

[電] 06-6305-3262　[住] 大阪市淀川区西中島6-9-20 新大阪GHビル1F　[交] 地下鉄西中島南方駅より徒歩7分　[時] 11:00〜19:00（土・日曜は〜20:00）　[休] 月・火曜、祝日、ほか不定休あり

Take out Delivery

フードダイバーシティを
大阪名物で体験

（右上から時計まわりに）**お好み焼き　1000円、たこ焼き　780円、ボロネーゼ　1180円、ぎょうざ　780円、侍ラーメン　1000円**

大阪名物のお好み焼きやたこ焼きをはじめ、多彩なメニューがずらり

野田阪神

日本食レストラン 祭

にほんしょくレストラン まつり

Gluten Free　Alcohol Free　GMO Free　Caffeine Free　Sugar Free　Oriental Vegan

　"日本食を、誰もが同じように、おいしく楽しめるように"と、ハラールの食材と調理法で作った料理を中心に、ベジタリアンやヴィーガンにも対応した料理が豊富に揃う。

　大豆ミートがたっぷり入ったお好み焼きや、タコの代わりにコンニャクやワカメで作ったすり身が入るたこ焼きなどのほか、ボロネーゼやぎょうざなどもヴィーガンでいただけるのがうれしい。侍ラーメンは、ピリ辛でしっかりとした味付けながら後味はすっきりしていて、ヴィーガニストに人気。メニューは一部グルテンフリーや五葷抜きにも対応可能だ。また、店内には物販コーナーがあり、侍ラーメンや、抹茶を使ったお菓子などをみやげとして購入できる。

大きく「祭」と書かれた
タペストリーが目印

和風の装飾が目を引く店内
には、テーブル席と座敷席
がある

Shop Information

[電] 06-6940-6633　[住] 大阪市福島区吉野 3-27-17　[交] 地下鉄野田阪神駅より徒歩1分
[時] 11:00 〜 14:00、17:00 〜 23:00（22:30LO）　[休] 水曜

Take out　Delivery

土鍋が並ぶカウンター席からはキッチンがよく見えて臨場感たっぷり

Menu

日替わり菜食ごはん 1000円

この日の主菜は大豆を使っただんご。副菜は青菜のおひたし、きんぴらごぼう、きんとん

一品一品に魂のこもった
日替わり菜食ごはんを

肥後橋

菜食ごはん Rocca

さいしょくごはんロッカ

All Vegan

Gluten Free	Alcohol Free	GMO Free	Caffeine Free	Sugar Free	Oriental Vegan

　店名のRoccaはイタリア語で"砦"を意味し、"身体を作る料理""命を作る料理"を提供したいというオーナーの強い思いが込められている。"毎日のごはん"をコンセプトに、メニューは昼も夜も日替わり菜食ごはん1種類のみ。肉や魚などの動物性食材や、化学調味料、砂糖は使用せず、オーナーの義理のご両親が有機栽培で育てた野菜や、特別栽培米をできる限り使用している。

　日替わり菜食ごはんは、玄米に近い栄養ながら、玄米よりもやわらかく食べやすい三分づき米のご飯と、精進だしと天然醸造にこだわった味噌を使った味噌汁、旬の野菜をメインにした日替りの主菜1品と副菜3品が付き、ボリューム満点の内容だ。身体がホッとひと息つける食べものを、ゆっくりと味わえる。

カウンター席が中心の店内は、落ち
着いたインテリアでまとめられている

土佐堀通りから川沿いに
入った閑静な通りにある

Shop Information

［電］06-6444-5765　［住］大阪市西区土佐堀1-6-6 リンクハウストサボリ1F　［交］地下鉄肥後橋駅より徒歩7分　［時］11:30〜14:45（14:30LO）、17:30〜22:00（21:30LO）※土曜ディナーは17:30〜20:00(19:30LO)　［休］日曜、祝日　Take out Delivery

Menu

**玄米リゾットランチ
1300円**

味はもちろん、セットで天然酵母パン、デリ、サラダ、ドリンクが付いているボリュームも人気

おいしくて安心なものを食べるために
こだわりの食材を並べる

船尾

vegetarian cafe monique +

ベジタリアン カフェ モニーク プラス

　"おいしくて、安心なもの"をコンセプトに、全粒粉や無農薬玄米、果汁100%ジュースなど、国産のおいしいものを提供。スパイスから野菜にいたるまで、できる限り有機栽培または無農薬で育てられたものを厳選している。

　ランチは玄米リゾットランチのほか、パスタランチ1300円やスープランチ1100円などを週替わりで提供。セットの天然酵母パンやサラダのドレッシングなどは、すべて自家製となっている。トッピングのチーズを除けば、どれもヴィーガンだ。白砂糖を使わない焼菓子も完全ヴィーガンで作られており、季節の果物を使ったタルトなどを常時10種類ほど用意。自分で特に意識しなくても、注文したものが安全な食べ物で、安心して食事が楽しめる。

メープルナッツのタルト 500円

メープル風味のナッツがぎっしり

大正時代に建てられた屋敷を改装した建物内にある

Shop Information

[電] 072-206-2723　[住] 堺市西区浜寺諏訪森町東3-319-2 お屋敷再生複合ショップ「遊」内
[交] 阪堺電気軌道船尾駅より徒歩4分　[時] 11:00 〜 18:00　[休] 月・火曜

Take out Delivery

Menu

**Soy ミート唐揚げ
甘辛和えセット
ドリンク付き　1320円**

大きなプレートには、玄
米ご飯を中心にいろいろ
な種類の総菜が並ぶ
※写真はイメージ。「ねこ
ルーム」での飲食は不可

猫 の た め に 、 動 物 の た め に
ヴ ィ ー ガ ン と い う 選 択 肢

松屋町

neu。 cat and vegan

ネウ キャット アンド ヴィーガン

All Vegan

Gluten Free / Alcohol Free / GMO Free / Caffeine Free / Sugar Free / Oriental Vegan

　2階建ての建物には、ヴィーガンカフェ（2階）のほか、さまざまな理由で保護された猫たちが里親を探しながら暮らすスペース「ねこルーム」（1・2階）が設置されており、1時間1500円〜（延長15分300円）、かわいらしい猫たちと触れ合うことができる。

　カフェには、ヴィーガンやベジタリアンはもちろん、ヴィーガン料理が初めての人でもおいしく食べられるメニューが豊富。Soyミート唐揚げや、Soyミートチキン南蛮などは醤油ベースにショウガを効かせた家庭的な味で、おいしいと評判だ。オーナーは、店を利用することでヴィーガンや保護猫に触れ、少しでも興味を持ってもらえたらうれしいという。

落ち着きのある2階の
ヴィーガンカフェ

猫と一緒に過ごす、穏やか
な時間をお試しあれ

Shop Information

[電] 06-4305-3584　[住] 大阪市中央区谷町6-17-5　[交] 地下鉄松屋町駅より徒歩5分
[時] 13:00 〜 21:00（土・日曜、祝日は12:00 〜 20:00）※最終入店は閉店1時間前まで
[休] 不定休

Take out　Delivery

Menu

**サンドイッチ バルサ
ミコベジ　858円**

カラフルな野菜がたっ
ぷり入って華やかなビ
ジュアル。サラダとス
ープ付き

Menu

**ヴィーガンチョコ
ブラウニー　1個300円**

まったりとした味わいな
がら、後味スッキリでた
くさん食べられる

カ ナ ダ の さ わ や か な 風 を 感 じ に
訪 れ た い た い カ フ ェ

谷町九丁目

Lingua World cafe

リングア ワールド カフェ

カナダ出身のオーナーシェフが始めたカジュアルな雰囲気のカフェで、サンドイッチやホットチーズサンド、ハンバーガー、サラダなど、ボリューム満点のメニューが豊富に揃う。サンドイッチのバルサミコベジは、ナスやキノコ、パプリカなどの野菜をグリルし、バジルとバルサミコソースで味付けしたひと品。バルサミコの酸味とコクが野菜やパンの旨みを絶妙に引き立てており、満足感のある味わいとなっている。

毎月最終土曜には飛び込み参加OKの音楽イベント「オープンマイクナイト」も開催される。ビールサーバーで提供される本格的なクラフトビールとともに楽しみたい。

豆乳ラテ　560円
ヴィーガンチョコブラウニーなどのスイーツのおともにぴったり

小さい子どもも大歓迎。店の奥にはキッズスペースが完備されている

Shop Information

[電] 06-4305-4994　[住] 大阪市天王寺区上汐3-6-18 ラルゴ上汐1F　[交] 地下鉄谷町九丁目駅より徒歩5分　[時] 11:00 〜 22:00（金曜は〜 23:00、土曜は9:00 〜 23:00、日曜は9:00 〜 18:00）[休] 月曜、ほか不定休あり　Take out　**Delivery**

**日替わりランチ
850円（手前）、
グリーンアースサラダ
800円（右奥）**

日替わりランチのこの
日のメインはブリトー。
グリーンアースサラダ
は豆腐、ビーンズ、バ
ジルトースト、ナッツ
などが入る

パ ー テ ィ ー や ラ イ ブ に も 利 用 で き る
ヴ ィ ー ガ ン レ ス ト ラ ン

本町

Green Earth

グリーン アース

All Vegan

Gluten Free	Alcohol Free	GMO Free	Caffeine Free	Sugar Free	Oriental Vegan

　ベジタリアン、ヴィーガンはもちろんのこと、野菜不足、アレルギー、ダイエット、美容、健康に気を使っている人に最適の食事を提供。すべてヴィーガンメニューとなっているが、ラクトベジタリアンにも対応可能だ。

　店自慢の日替わりランチは、玄米または黒米、もしくはヴィーガンパンに、メイン、サラダ、野菜の総菜、スープが付く。メインは豆腐ソースのラザニアや、大豆肉の酢豚など、世界中の料理をアレンジしたメニューを日替わりで楽しむことができる。また、パーティー会場やライブスペースも用意しており、パーティーメニューも取り揃えているため、さまざまな食の背景をもつ人々が集まるときにも重宝する。

チーズケーキ　500円

ドリンクセットはプラス300円

緑に囲まれてリラックスできるテラス席もある

Shop Information

[電] 06-6251-1245　[住] 大阪市中央区北久宝寺町4-2-2 久宝ビル1F　[交] 地下鉄本町駅より徒歩5分　[時] 11:30〜16:00（15:00LO）※金曜は〜15:00（14:30LO）、18:00〜22:00（21:00LO）
[休] 日曜、祝日　**Take out** **Delivery**

Menu

**ヴィーガン認証ドリンク付き
ヴィーガンフルコース
5800円**

30種類の野菜で作る植物性
100%のコース。アミューズ、
前菜、スープ、グリル料理、煮
込み料理、デザート、コーヒー
またはルイボスティーが付く

Menu

**ヴィーガン認証
ワイン・ノンアルコールワイン
各850円（グラス）**

世界各地の料理に合うオーガニッ
クワイン、ビオワインが揃っている

野菜のおいしさを伝える伝道師
すべてはおいしい野菜のために

四ツ橋

洋食 kappo sora

ようしょくカッポウ ソラ

| Gluten Free | Alcohol Free | GMO Free | Caffeine Free | Sugar Free | Oriental Vegan |

誰もが外食でも安心安全で健康的に食事ができるようにと、国産、オーガニック、無農薬の旬野菜にこだわって料理を提供しているレストラン。海外のレストランや外資系ホテルで、さまざまな客を相手に腕を振るってきた経験豊富なシェフが、国産食材で、四季や旬にこだわって作るヴィーガン料理は、スパイスやハーブが香るトルコ、中東、東ヨーロッパの料理や、食材と旨みを楽しむ北欧、西ヨーロッパの料理などグローバル。フレンチ、イタリアン、和食、アジアンだけでなく世界の味や料理が体験できるよう心掛けているという。

固定概念にとらわれることなく、意外性のある新しい発見とともに、料理で世界旅行を体験できるような、居心地がよいレストランを目指している。

高級感漂う大人の隠れ家。カウンター
席が中心

**旬のフルーツとココナッツ
ジェラートの大人パフェ**

ヴィーガンフルコースに付
いてくるデザート

Shop Information

[電] 06-6585-7101　[住] 大阪市西区新町1-8-9 新町TAMTAMビル301　[交] 地下鉄四ツ橋駅より徒歩5分　[時] 11:30 ～ 14:00LO、18:00 ～ 22:00LO　[休] 火曜（祝日の場合は営業）

Take out　Delivery

オーナーが自然農法で育てた
安心安全でおいしい野菜が自慢

北野田

Vegan Cafe ASUKA

ヴィーガン カフェ アスカ

All Vegan

| Gluten Free | Alcohol Free | GMO Free | Caffeine Free | Sugar Free | Oriental Vegan |

オーナー自身が体調不良からヴィーガン食にしたことで体質改善されたという経験を活かしカフェをオープン。"たとえ形は悪くても安心、安全な食べ物を提供したい"という思いで、自然農法の野菜を自ら育てている。自分の畑の作物から種を採り、翌年その種をまいて作物を作るという自家採種にこだわり、土地の気候や風土に合わせて育てた野菜が楽しめる。

メニューは、大豆ミートを使った唐揚げランチや、玄米のバンズに大豆ミートのパティをはさんだヴィーガンバーガー、濃厚なのにヘルシーな玄米粉のクリームパスタ2500円などバラエティ豊か。いずれも、使われている野菜のおいしさが際立っている。

カウンター席とテーブル席があり、ベビーカーも入る。キッズスペースも完備

**チョコレートケーキ
660円**

チョコレート好きが喜ぶ
濃厚な味わい

Shop Information

[電]072-370-4228 [住]堺市東区丈六173-7 [交]南海電鉄北野田駅より徒歩3分
[時]9:00～22:00（21:00LO） [休]月曜、金～日曜

Take out **Delivery**

Menu

ブッダボウル　918円（手前）、
ベジタコライス　1080円（右奥）、
オン・ドーナツ　400円（左奥）

新鮮な野菜たっぷりで人気のブッ
ダボウルや、タコライスを野菜の
みで再現をしたベジタコライスな
ど、どれも華やかなビジュアル

Menu

マフィン　248円〜

プレーンやシナモンシ
ュガー、マカダミアナ
ッツなどのマフィンが
日替わりで楽しめる

NATURAL SUPERFOODS CAFE

Buddha

流行のブッダボウルで
現代流の精進料理を楽しむ

森ノ宮

Buddha

ブッダ

All Vegan

| Gluten Free | Alcohol Free | GMO Free | Caffeine Free | Sugar Free | Oriental Vegan |

　ローフードマイスターやダイエットインストラクター、スーパーフードスペシャリストなど、さまざまな資格をもつオーナーがプロデュースするカフェ。イチオシのメニューは、玄米ご飯に15種類以上の野菜がのった究極の菜食丼ブッダボウルや、豆腐で作ったタコミートに酒かすと豆乳で作ったチーズなどがのるベジタコボウル、オープンから半年で約1万個を販売したという手作りマフィン（ヴィーガン、グルテンフリー、白砂糖不使用）など。

　今流行りのマリトッツォをヴィーガンでアレンジしたドーナッツォや、ドーナツの上にかわいらしいトッピング施したオン・ドーナツなど、見栄えするスイーツも充実している。

アンティークな雰囲気が漂うおしゃれな店。
店内のカウンター席にはコンセントも完備

ドーナッツォ　500円

マリトッツォとドーナツを掛け合わせた植物性のスイーツ。要予約

Shop Information

[電] 06-6753-7797　[住] 大阪市東成区中道1-8-15　[交] JR森ノ宮駅より徒歩5分
[時] 11:00 〜 15:00　[休] 土・日曜、祝日 ※特別営業日あり

Take out **Delivery**

旬のおいしい野菜で作る
菜食料理を気軽に楽しく

Menu

（手前から時計まわりに）和風アヒージョ天然酵母パン付き850
円、ベジ餃子700円、有機抹茶アイス小倉あん添え550円、カ
キフライ風ソイタルタル添え800円

長ネギや厚揚げが入ったアヒージョ、どっしりとした仕上がりの餃子、
マイタケでカキを再現したカキフライ風など多彩な居酒屋メニュー

　　　　　　　自然菜食 りんどう

河内小阪

自然菜食 りんどう

しぜんさいしょく りんどう

Option

| Gluten Free | Alcohol Free | GMO Free | Caffeine Free | Sugar Free | Oriental Vegan |

　古来、日本人が食べてきた食材で料理することを基本とした、玄米菜食（マクロビオティック）レストラン。昼は定食屋として、夜は BIO ワインや自然派の酒も揃える居酒屋として親しまれている。

　玄米は農薬不使用、無化学肥料の有機農法や自然農法栽培のものを提供。野菜はできる限り無農薬で栽培された季節のもの、味噌、醤油、みりんなどの調味料は国産の天然長期醸造の質の高いものを使用し、食材が本来もっている味や力を最大限に引き出し、やさしくも力強い風味に仕上げている。また、調理器具は金属器具をできるだけ使わず、土鍋、ホーロー鍋などを使用し、食器もオーナーお手製の信楽焼を中心とした日本陶器で温かみのある料理を演出している。

建物の造りは身体によくないものは
使わない無添加住宅

**有機ほうじ茶ラテ
650円**

香ばしい味わい。食後に
おすすめ

Shop Information

［電］06-6783-1222　［住］東大阪市菱屋西5-12-23　［交］近鉄河内小阪駅より徒歩4分
［時］11:30 〜 14:00（13:20LO）、17:00 〜 22:00（21:00LO）　［休］月曜、火曜ディナー、土曜（第4土曜のみディナー営業あり）、日曜、祝日

Take out ｜ Delivery

Menu

発酵精進料理
2000円〜

身体のことを考えて、
旬の食材と発酵調味料
をふんだんに使って作
られる

和の雅を感じる店内で
精進料理をベースにした食事を

神宮茶処 あじゃり

池田

神宮茶処 あじゃり

じんぐうちゃどころ あじゃり

Option

| Gluten Free | Alcohol Free | GMO Free | Caffeine Free | Sugar Free | Oriental Vegan |

　住宅街にひっそりとたたずむ隠れ家的な店で、精進料理をベースに発酵調味料を駆使した身体にやさしい料理の数々が堪能できる。和の雅を感じる店内で、ぜひ味わいたいのは自慢の発酵精進料理。ぬかそぼろご飯に、大豆ミートを使った肉のようなあんかけ料理や、季節の野菜をふんだんに取り入れた小鉢料理、おからもちなど、多彩な菜食料理が並び、一日に必要な野菜が一食でしっかり摂れるのもうれしい。

　ランチとディナーは前日の12時までに予約が必要なのでお忘れなく。食事のほか、和洋の甘味、有機栽培・自然栽培のコーヒーや紅茶を目当てに、ふらりと立ち寄ることもできる。

華やかな和テイストで
品よくまとめられている

**日替わり甘味セット
1000円**

この日の甘味はマフィンと
平団子

Shop Information

[電] 072-754-1258　[住] 池田市栄本町12-4シャンティ池田1F　[交] 阪急池田駅より徒歩6分
[時] 8:30 ～ 21:30　[休] 不定休

Take out　Delivery

Menu

**大豆ミートの
ベジハンバーグ
1300円〜**

大豆ミート、湯葉、豆
腐などを使った照り焼
きのベジバーグがメイ
ン。平日1300円、休日
＆ディナー 1640円

Menu

**車麩カツと
ベジからカレー
1300円**

色とりどりの野菜のほか、
車麩のフライと大豆ミー
トの唐揚げをトッピング

ホッとやすらぎに包まれる
食事と空間を提案する

東梅田

natural kitchen めだか 2号店

ナチュラル キッチン めだか にごうてん

Gluten *Free* | Alcohol *Free* | GMO *Free* | Caffeine *Free* | Sugar *Free* | Oriental *Vegan*

　人間が本来もっている自然治癒力を引き出す援助をすることが、健康への第一歩と考えるカフェ。主食には、白米より食物繊維を多く含む玄米を使用。丁寧に検米し、圧力鍋でふっくらと炊き上げる。野菜は国産のものを厳選し、調理法もそれぞれの食材に合わせて考え抜いている。調味料にもこだわり、ミネラルの多い粗製糖や、加熱処理せずに天日干しで作る塩、米ぬかから作る米油、熊本から取り寄せる味噌などを使用。水も99.9％純化された水を使って、さびない身体を作ってもらえるよう整えた。

　そうして作られる定食やカレー、丼などのメニューを楽しみに訪れる人たちで、店内はいつも賑わっている。

やわらかな照明が心地いい空間

くろマフィン　350円
デトックス効果があるとされる竹炭入り

Shop Information

[電] 06-6364-7108　[住] 大阪市北区兎我野町3-20 雁木ビル1F　[交] 地下鉄東梅田駅または扇町駅より徒歩7分　[時] 11:00 〜 21:30 （21:00LO）　[休] 無休

Take out **Delivery**

店 に 差 し 込 む 木 漏 れ 日 に
ま ど ろ む 昼 下 が り の 時 間

Menu

Soup Lunch
950円

天然酵母の自家製フォ
カッチャと野菜たっぷ
りのスープは、やさし
い味わい

Menu

Today's Lunch
1050円

平日限定。黒米入り無
農薬玄米ごはん、メイ
ン、野菜のおかずが付
く。毎週土曜はキッシ
ュプレートのランチを
用意

曽根

stance dot

スタンス ドット

All Vegan

Gluten Free

Alcohol Free

GMO Free

Caffeine Free

Sugar Free

Oriental Vegan

　真っ白な壁が印象的な店内に、ナチュラルな木のテーブルやイスが並び、大きな窓から差し込む木漏れ日が気持ちいいカフェ。店主は"ヴィーガンの方も、そうでない方も、構えることなく来店してほしい"と、ヴィーガンカフェであることをあえてどこにも表記せずに営業している。

　食事メニューはマクロビオティックをベースにしており、月替わりのスープが楽しめるSoup Lunch（スープランチ）のほか、平日限定のToday's Lunch（本日のランチ）、土曜限定のキッシュプレートのランチを用意。どれも素材そのもののおいしさが楽しめるようこだわりの調味料を使用し、やさしい味わいに仕上げた。食後には、スコーンやマフィンなどの焼菓子を注文して、のんびり過ごしたい。

マフィン 230円〜

温めてから提供され、焼きたてのおいしさが味わえる

大きな窓が特徴のおしゃれな店。
店内には木漏れ日が差し込む

Shop Information

[電]090-8386-1831　[住]豊中市曽根東町1-10-34 曽根グリーンビル1F
[交]阪急曽根駅より徒歩3分　[時]9:30 〜 17:00　[休]日・月曜、ほか不定休あり

Take out Delivery

いつでも朝のさわやか気分で
朝食が満喫できる

Menu

ヴィーガンサンドイッチ　1100円

アボカドとオーガニックフムスをメインに、
野菜、トマトソース、粒マスタード入り

ASAKARA GOOD STORE

谷町四丁目

ASAKARA GOOD STORE

アサカラ グッド ストア

Gluten Free | Alcohol Free | GMO Free | Caffeine Free | Sugar Free | Oriental Vegan

All day breakfast（オール・デイ・ブレックファスト）をテーマに、一日中いつ訪れてもおいしい朝食がいただけるカフェ。ヴィーガンメニューもあり、サンドイッチやアサイーボウル、スムージーなど、朝の時間が豊かになる、活力にあふれたオーガニック食材のメニューが豊富に揃う。自家製のレモネード750円や、オーガニックジンジャーエール750円など、身体にやさしいドリンクが充実しているのもうれしい。

朝から夕方まで朝食メニューが食べられるが、せっかくなら早起きして贅沢なモーニングタイムを過ごすのがおすすめ。いい席に座り、ゆっくりと食事するのが、何より健康によさそうだ。

海外のカフェのような、おしゃれな雰囲気

**アサイーボウル
1210円**

オーガニックアサイーと自家
製バナナアイスをミキシング

Shop Information

[電] 06-6467-4009　[住] 大阪市中央区法円坂1-4-6　[交] 地下鉄谷町四丁目駅より徒歩11分
[時] 8:00 〜 17:00（土・日曜、祝日は7:00 〜 18:00）※ともに30分前LO、18:00 〜 22:00
※1時間前LO、予約のみ　[休] 火曜、ほか不定休あり　**Take out** **Delivery**

Menu

ベジビリヤニ
1300円

本格的なビリヤニは注
文を受けてから作るた
め、できたてが食べら
れるのも魅力

Menu

ファラフェルセット
1800円

ファラフェル、サラダ、
パンのセット。自分で
サンドしながら食べる

本場の味が楽しめる
スパイシーなパキスタン料理

心斎橋

ALI'S KITCHEN

アリーズ キッチン

Option

Gluten Free

Alcohol Free

GMO Free

Caffeine Free

Sugar Free

Oriental Vegan

　有名なフランスのグルメガイドにも2017・2018年と2年連続で掲載された名店。日本風にアレンジしたインド・パキスタン風カレーではなく、本場そのままのスパイスの配合や調理法で作るメニューを提供している。

　特におすすめのメニューは、パキスタンの炊き込みご飯であるベジビリヤニ。バスマティライスと、24種類のスパイスがよく絡み、噛むごとにスパイシーな香りが口と鼻を抜けていく。食べ出したら止まらない逸品で、日本一おいしいビリヤニという呼び声も高い。このほかにも、ブレインマサラ（ヒツジの脳みそカレー）や、ニハリ（煮込み）など、他店では味わうことのできないようなメニューも揃い、一言でカレーといってもいろいろな味があることに驚かされる。

地下にある店舗。地上には店の看板と
パキスタンの国旗が掲げられている

ダールカレー
1000円

ランチセットの時間のみサ
ラダ、ナン付きで750円

Shop Information

[電] 06-4708-5745　[住] 大阪市中央区心斎橋筋1-10-12 トレスビルB1F
[交] 地下鉄心斎橋駅より徒歩2分　[時] 11:00 〜 22:00　[休] 不定休

Take out **Delivery**

Menu

**季節のフルーツサンド
300円～**

この日はパイナップル
やイチゴ、マンゴーを
使用。おいしいうえに
ボリューム満点

ひかりのふるーつさんど

Menu

**フルーツジュース
472円**

新鮮なフルーツその
もののおいしさが満
喫できる果汁100％
の贅沢なジュース

All day dining *Hikari*

All day dining *Hikari*

か わ い い 見 た 目 と
繊 細 な お い し さ の 融 合

北新地

All day dining Hikari
大阪駅前第二ビル店

All Vegan

オール ディ ダイニング ヒカリ
おおさかえきまえだいにビルてん

　有名ホテルでパティシエを勤めたシェフが、味に妥協せず考案した低糖質のヴィーガンフルーツサンドが味わえる。季節のフルーツサンドは、四季折々に旬のフルーツを厳選し、食パンやクリームには牛乳ではなく豆乳を使用している。鮮やかな彩りでフォトジェニックなフルーツサンドとして人気だが、味にもこだわりがあり、口の中いっぱいに広がるさわやかなフルーツの風味と、コクがあるのに後味はスッキリとしたクリームの組み合わせは絶品。

　このほかにも、素材そのものの自然な甘さを生かしたフルーツジュースもおすすめ。飲めば、その力強い味わいに元気がみなぎる。また、店内にはカウンター席とテーブル席があり、1人でも複数人でも利用しやすい雰囲気だ。

ショーケースには色とりどり
のフルーツサンドが並ぶ

店頭には季節のフルーツが
ずらり。フレッシュな食材
を使っているのがわかる

Shop Information

[電] 06-6467-8203　[住] 大阪市北区梅田1-2-2 大阪駅前第二ビル B1F　[交] JR北新地駅より徒歩2分　[時] 11:00 〜 20:00 ※フルーツサンドがある場合は最長で23:00までオープン
[休] 不定休、夏季休暇あり ※Instagram参照　　Take out　Delivery

そのおいしさを知っているからこそ
作れるものがある

堅下

momovege

モモベジ

Option

Gluten Free

Alcohol Free

GMO Free

Caffeine Free

Sugar Free

Oriental Vegan

　15年間のデザイナー歴を経て青果店に嫁いだという店主が、フルーツサンドやパフェ、ジュースなどを販売する店。質の高い旬の野菜や果物をおいしく提供したいという思いから、コールドプレスジュースは甘味料や水を一切使わず、食材のみで作る完全無添加の100％ジュースとなっている。ひと口飲むと、旬の果物の新鮮な味わいが身体に浸み渡るように広がっていく。連日行列が絶えない人気ぶりというのも納得のおいしさだ。

　コールドプレスジュースはアップルマンゴーのほか、ハニーグローパイン330㎖1950円、オレンジ330㎖1850円などもおすすめ。このほかにも、四季折々の野菜や果物を使ったスイーツやドリンクが豊富で、いつ行っても楽しめる。

イートインスペースには簡易なテーブルとイスがある

扉のすぐ先は緑に囲まれたイートインスペース、その奥に販売スペースがある

Shop Information

[電] 0729-43-4389　[住] 柏原市清洲2-4-20　[交] 近鉄堅下駅より徒歩5分
[時] 10:00 ～ 18:00（土曜は9:00 ～ 20:00）　[休] 日曜

Take out　Delivery

前菜盛り合わせ
1000円

数種類の凝った前菜
が満喫できる、彩り豊
かな盛り合わせ

ヴィーガンチーズの
クアトロフォルマッジ
1300円

低グルテンのピザ。チー
ズを使わずに4種の
チーズをどう表現してい
るかは、食べる価値あり

唯 一 無 二 の
ヴ ィ ー ガ ン イ タ リ ア ン を

松屋町

Sukhasana Pozzuoli

スカーサナ ポッツォーリ

All Vegan

Gluten Free	Alcohol Free	GMO Free	Caffeine Free	Sugar Free	Oriental Vegan

　ピザやパスタなどを中心に、イタリアンベースのヴィーガン料理が楽しめる店。おすすめのヴィーガンチーズのクアトロフォルマッジは、生地に国産小麦粉、国産石臼挽き粉、国産米粉、国産きな粉をブレンドし、長期発酵させることにより香ばしく仕上げた。4種類のチーズは、酒粕やカシューナッツなどで表現。生地のカリカリとした食感と、複雑に重なり合うチーズの旨み、フレッシュバジルの香りが見事に調和している。

　このほかにも、野菜がたっぷり摂れる前菜盛り合わせをぜひ。季節の野菜のグリルや、カポナータ（野菜のトマト煮込み）、里芋の豆乳コロッケなど、趣向を凝らした料理が堪能できる。

青い屋根と、店主が描く猫のイラストが目印

**ほうれん草の
ジェノベーゼソース
パスタ　1250円**

バジルとはひと味違うやさ
しい味わい

Shop Information

［電］06-6765-0999　［住］大阪市中央区松屋町住吉5-24 ハイツ澤1F　［交］地下鉄松屋町駅より徒歩5分　［時］11:30 〜 14:30（日曜、祝日は〜 15:00）※30分前LO、17:00 〜 22:30 ※1時間前LO　［休］火・木曜ディナー、土曜ランチ

Take out **Delivery**

**ひねもすバーガー
1045円**

肉を使っていないとは
思えないほどクオリテ
ィの高いパティが評判

噛 む ほ ど に 粉 の 風 味 や
素 材 の 味 が 感 じ ら れ る

All Vegan

牧方公園

天然酵母ひねもすぱん

てんねんこうぼひねもすぱん

 Gluten Free
 Alcohol Free
GMO Free
 Caffeine Free
 Sugar Free
Oriental Vegan

　毎日食べても飽きない食事ぱんとおやつが自慢のベーカリーカフェ。季節の恵みに感謝しながら、旬の新鮮な野菜などを工夫して取り入れており、地産地消でできる限り国産＆オーガニックの食材を使用している。

　イチオシメニューのひねもすバーガーは、肉の代わりに雑穀や野菜を使ってパティを作ったハンバーガー。歯ごたえや食感もよく肉よりおいしいと評判だ。また、たまごサンドたまごなしは、卵の代わりに豆腐を使用し、自家製豆乳マヨネーズで和えたもの。見た目も味もゆで卵をつぶしてマヨネーズで和えたかのように仕上がっている。食事パンのほか、菓子パンや、焼菓子、デザートなども揃い、店内のメニューはすべてカフェ利用のほかテイクアウトもできる。

店内に入って左奥にあるカフェスペース

**たまごサンドたまごなし
475円（テイクアウト）**

卵のようなのに卵ではないという不思議。何度でも食べたくなる

Shop Information

[電] 090-5963-0590　[住] 枚方市堤町10-24 鍵屋別館102　[交] 京阪枚方公園駅より徒歩5分
[時] 10:00 〜 17:00（カフェは16:00LO）　[休] 月・火曜

Take out　Delivery

Menu

ピタサンド
L サイズ 990 円
S サイズ 660 円

中東発祥のファラフェ
ル入りピタサンド。ハ
ラペーニョやパクチー
のトッピングは無料

Menu

ファラフェルサラダ
935 円

ラップ、プレート、サ
ラダ、丼から選べる。
ファラフェル、フムス、
野菜がたっぷり。ソー
スも選べる

スウェーデン仕込みの
エキゾチックな中東料理を

東部市場前

GOLD FALAFEL

ゴールド ファラフェル

　ドイツ旅行中に中東発祥のファストフード、ファラフェルのおいしさに感動したという店主が、日本でもそのおいしさを広めたいと2016年にオープンした店。ファラフェルの世界大会が開催されているスウェーデン南部の都市マルメで、超有名レストランのシェフから秘伝のレシピを伝授してもらったという。

　1番人気のメニューは、ファラフェルのピタサンド。オーガニックのひよこ豆を使用したファラフェルとフムス、レタス、ニンジン、ナス、カボチャ、キャベツなどの野菜をイスラエル産のピタパンで挟んでおり、ソースは8種類から選べる。おすすめのソースは、練りゴマをベースに野菜が入ったタヒニソースや、豆乳マヨネーズとオーガニックケチャップを使ったオーロラソースなど。

ポップな色合いで温かみのある
店内は、カウンター席が中心

ひよこドーナツ
1個55円

モチモチ食感がおいしい

Shop Information

［電］090-4277-9315　［住］大阪市東住吉区桑津4-12-32　［交］JR東部市場前駅より徒歩7分
［時］11:00 ～ 18:00（金曜は～ 20:00）［休］火・水曜（イベント出店時は休み）

Take out **Delivery**

味も空間も自然派
オーガニック食材の深い味に舌鼓

Menu | **ソイバーガー　1050円（手前）、オーガニックバナナケーキ　660円（奥）**
こだわりの食材を使用したソイバーガーと、オーガニックバナナケーキ
の組み合わせが人気

喜志

Orange County Cafe

オレンジ カウンティ カフェ

Option

| Gluten Free | Alcohol Free | GMO Free | Caffeine Free | Sugar Free | Oriental Vegan |

　どこの国でも昔なら当たり前だった手作りの料理を、未来の子どもたちや若い世代へ知ってもらいたいという思いで始めたレストラン。今の時代では避けて通れない農薬や添加物の影響がない素材をできるだけ使用し、手間ひまをかけて手作りするメニューが並ぶ。

　なかでもぜひ味わっていただきたいのは、天然酵母ジャガイモバンズに、大豆ミートのパティと有機豆乳マヨネーズなどをはさんだソイバーガー。素材そのもののおいしさを生かしたシンプルな組み合わせながら、コク深い味わいが人気のメニューだ。また、スイーツはすべて米粉を使用しグルテンフリー。ヴィーガン対応メニューも多い。

広々とした店内にはキッズ
スペースも完備している

**オーガニックベジタブル
ミキシングハーモニー 770円**

有機野菜、ベリー、豆乳で
作るデトックススムージー

Shop Information

[電] 0721-70-7142　[住] 富田林市宮町2-7-39　[交] 近鉄喜志駅より徒歩7分　[時] 11:00 ～ 17:00
※30分前LO（土・日曜は～ 22:00 ※1時間前LO）　[休] 月～水曜

Take out　Delivery

プラントベースと、ヴィーガン

　日本でも「ヴィーガン」という言葉が知られるようになりましたが、「プラントベース」という言葉もよく聞かれるようになりました。プラントベースとは、もともと英語圏では動物性のものを使用しない食事のことを指します。ところが日本では、若干ニュアンスの異なる意味合いで使われることが多いようです。「植物性のもの<ruby>を基調としている<rt>ベース</rt></ruby>」ということであれば、少々の動物性のものはよいとする、というものです。

　確かに、すべてをいきなり植物性のものだけに切り替えるというのは、あまり現実的ではありません。植物性のものだけで生きようと思うと、日本ではまだまだ難しいことは事実です。ですから、本来の言葉の意味にたどり着く、その過程として、「プラントベース」という言葉を当てはめようという風潮になった、ということなのかもしれません。最近は外来語を日本語に翻訳するということ自体、あまりされなくなってきてはいるものの、何らかの言葉の整理が必要になるタイミングがあります。

　外来語とは、すなわち日本語。日本のニュアンスを多分に含んでいることが多いので、100％植物性のもの＝プラントベースとは、日本では思わない方がよいかもしれません。その点、ヴィーガンという言葉は、100％植物性のものとして定着しています。現時点での日本語としては、ヴィーガン＝完全菜食（100％植物性の食事を食べられる）、プラントベース＝植物性主体（100％とは限らないので、完全菜食を希望する人は注意が必要）、という意味合いになりそうです。

　日本ヴィーガン協会としては、完全菜食としてのPlant Basedと、OptionとしてのPlant Basedを2区分に分け、認証を推奨していきたいと考えています。

兵庫
Area

異国情緒たっぷりな街、神戸を中心としたおしゃれなエリア。海外の雰囲気が感じられるレストランやカフェも多く、洗練された空間で食事やスイーツが楽しめる

エ キ ゾ チ ッ ク な 香 り に 包 ま れ て
穏 や か な 時 間 を 過 ご す

CAFE DARBUKKA

宝塚南口

CAFE DARBUKKA

カフェ ダルブッカ

Option

 Gluten Free
 Alcohol Free
 GMO Free
 Caffeine Free
Sugar Free
Oriental Vegan

　オーガニック食材にこだわり、スパイスを使った料理や自家製のスイーツなどが楽しめるカフェ。店で使われている食材は、小規模で環境に配慮しながら丁寧に作られた有機・無農薬の野菜や米が中心。輸入食材も、環境や生産者の健康を害さない方法で製造されたフェアトレードの商品を可能な限り使用している。

　南インド料理をベースとした本日のカレープレートは、季節の野菜やスパイスを使った、日本の米に合う2～3種類のカレーと総菜を1プレートに盛り合わせている。皿の上でご飯と混ぜ合わせながら食べると、スパイスのキリっとした辛味、豆やココナッツのまろやかな甘味、タマリンドのさわやかな酸味、カレーリーフの香ばしさなどが一度に堪能できる。ヴィーガン対応は注文時にリクエストを。

ドライフルーツ各種 430円～
アフリカの太陽のもと無農薬で育てられたジャックフルーツやパパイヤなど

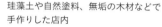
珈藻土や自然塗料、無垢の木材などで手作りした店内

Shop Information

[電] 0797-87-5710　[住] 宝塚市武庫川町4-12　[交] 阪急宝塚南口駅より徒歩5分
[時] 11:30～20:00（19:00LO）　[休] 木曜、第2金曜（祝日の場合は翌日）、ほか不定休あり

Take out　Delivery

手間ひまかけて作られたものを
何気ない場所でさり気なく

甲南山手

むすび食堂

むすびしょくどう

All Vegan

Gluten *Free*	Alcohol *Free*	GMO *Free*	Caffeine *Free*	Sugar *Free*	Oriental *Vegan*

　"食と人、都と郷、人と人をむすぶ"がコンセプトの小さな食堂。全国各地で料理教室を開催する店主が手作りする一汁三菜定食は、米は自然栽培の在来種である「あさひ」、野菜は兵庫県の無農薬・有機栽培・自然栽培で、できる限り生産者の顔が見えるもの、調味料は昔ながらの製法で天然醸造されたものを使用している。特に手作り味噌は、麻炭と麻の実が入っているこだわりの調味料で、デトックス作用に優れ、椛（こうじ）を多めに入れた甘さが特徴だ。

　店は複合商業ビル「セルバ」の地下1階にあり、1卓のテーブル席とカウンター席のみ。バーニャカウダやラー油など、京のこだわり食材を使用した4種の自家製調味料、京都ディップヴィーガンセット3280円など厳選した調味料も販売している。

店内では、お弁当を買って
イートインすることもできる

**オーガニックコーヒー
330円**

雑味のないスッキリした
味わいが魅力

Shop Information

[電] 078-431-4507　[住] 神戸市東灘区森南町1-5-1セルバ B1F　[交] JR甲南山手駅より徒歩3分
[時] 11:30 〜 14:00（物販は10:00 〜 20:00）　[休] 火曜、ほか不定休あり

Take out Delivery

Menu

**月替わりスペシャル
プレート
1030円**

季節の野菜たっぷり。
この日はマイタケと豆
腐のフライ、ひよこ豆
のドライカレー、キャ
ベツとコーンのSOY
マヨサラダなど

オーストラリアの海の色に癒される
人気のカフェでヴィーガンを

旧居留地・大丸前

YIDAKI CAFE

イダキ カフェ

Option

| Gluten Free | Alcohol Free | GMO Free | Caffeine Free | Sugar Free | Oriental Vegan |

　オーストラリアのビーチをイメージしたターコイズカラーの店内で、ヴィーガンやオーガニック食品を使った料理が楽しめる。店名の"YIDAKI（イダキ）"とは、オーストラリアの先住民アボリジニの楽器ディジュリドゥのこと。都会の真ん中でオーストラリアの開放的な雰囲気を感じてほしいと名付けた。

　イチオシメニューは、7～8種類のヴィーガン料理が楽しめる月替わりスペシャルプレート。揚げ物や焼き物などのメインを中心に、季節ごとの仕入れによってサラダや炒め物、カレーなどを提供している。ドリンクはコーヒー好きの店主が厳選した京都「ウニール」のコーヒー500円をぜひ。メニューは一部に乳製品を使っているが、それらもヴィーガン対応可能だ。

ターコイズカラーの看板を
目印に！

席ごとの間隔が広くとられ、ゆったりとした気持ちで過ごせる

Shop Information

[電] 078-335-0520　[住] 神戸市中央区三宮町3-6-6 大栄ビル2F　[交] 地下鉄旧居留地・大丸前駅より徒歩2分　[時] 11:00～21:00（20:30LO）　[休] 木曜

Take out　Delivery

暑い夏にも、寒い冬にも、
みんながうれしいヴィーガンジェラート

Menu

**3種盛り（ミルキッ
チョ、ピスタチオ、
チョコレート）
イートイン660円**

色とりどりで鮮やかな
3種盛りは1番人気

Menu

**2種盛り(4種のベリー、
クッキー＆クリーム)
イートイン550円**

どちらか決められないと
きにおすすめ。1種盛り
は385円（イートイン）

三宮・花時計前

Riccio d'oro

リッチョ ドーロ

Gluten	Alcohol	GMO	Caffeine	Sugar	Oriental
Free	Free	Free	Free	Free	Vegan

　卵や牛乳、小麦粉などのアレルギー特定原材料28品目を一切使用せず、研究に研究を重ねて作ったこだわりのジェラートを販売。ココナッツミルクやライスミルクを使用した100％植物性で、牛乳を使わなくてもジェラートを食べたという満足感が得られる。特に人気のフレーバーはリッチな風味のチョコレートや抹茶、夏にはマンゴーやチョコミントなど。

　ちなみに、店名の"Riccio d'oro（リッチョ ドーロ）"とは、イタリア語で"金のハリネズミ"という意味だ。ハリネズミはヨーロッパ各地で幸せを運んでくる動物として愛されており、金色に輝くような幸せを運びたいという店主の願いが込められている。

カプチーノ　495円
アーモンドミルクを使った
カプチーノはジェラートの
お供にぴったり

木材を基調としたおしゃれな店
内。テラス席も充実している

Shop Information

［電］078-891-8880　［住］神戸市中央区八幡通4-1-12 レジデンス芙蓉1F　［交］地下鉄三宮・花時計前駅より徒歩3分　［時］13:00 ～ 18:30 ※土・日曜、祝日のみ営業（7 ～ 9月は増営業予定。詳細は公式サイト参照）　［休］月～金曜（7 ～ 9月は月～水曜）　**Take out　Delivery**

人気のアートスムージーを
ライブで体感できる

Menu

**手作りアート
スムージー
820円～**

右上から時計まわりに
Berries queen、
Lemon splash（期間
限定）、Go green。
飲んでしまうのがもっ
たいないほど美しいビ
ジュアル。アートなし
は300円割引

Menu

**スムージーボウル
1200円～**

写真は海と人魚がモチ
ーフのマーメイドラグ
ーン。バナナベースの
スムージーにスーパー
フードなどがトッピン
グされている

みなと元町

greenery
グリナリー

All Vegan

Gluten	Alcohol	GMO	Caffeine	Sugar	Oriental
Free	Free	Free	Free	Free	Vegan

　プラントベースのメニューにこだわった手作りスムージーの店。オーガニックやフェアトレードの食材を極力使用し、無添加、無着色、砂糖不使用にこだわったエシカルなスムージーが楽しめる。

　数ある手作りアートスムージーのなかでも、1番人気はGo green。ケール、バナナ、マンゴー、パイナップル、パッションフルーツジュース、デーツ、チアシードが入っていて、ビタミン、ミネラル、食物繊維を豊富に含み、デトックスに最適だ。アートはありとなしが選べる。毎日7時30分〜9時30分はアートなしスムージーが500円になるハッピーアワーも実施している。このほかにも凝ったビジュアルのスムージーボウルやスコーンなどが種類豊富に揃う。

スコーン各種 250円〜

アップルシナモンやアールグレイなど10種類のなかから日替わりで店頭に並ぶ

スーパーフードで色付けしたココナッツクリームで描かれる

Shop Information

[電] 078-587-2620　[住] 神戸市中央区海岸通4-5-6　[交] 地下鉄みなと元町駅より徒歩2分
[時] 7:30 〜 18:00　[休] 木・金曜　※公式サイト参照

Take out Delivery

少し遠出してでも出かけて味わいたい
身体のバランスを整えてくれる絶品料理

Menu

本日の定食　1300円

オリーブオイルの串揚げ、春巻き、焼きおにぎりなどが付く

三田

Pono cafe

ポノ カフェ

All Vegan

　店名の "Pono" はハワイ語で、"本来あるべき状態""ちょうどいいバランスの調和のとれた状態" を意味する。店名の通り、自らがもっている力で調和のとれた状態に導くための料理を提供している。

　オーガニックにしてはボリューミーなうえリーズナブルな本日の定食が人気で、雑穀のご飯とシンプルな味噌汁を中心に、オリーブオイルを使った揚げ物など、お腹いっぱい食べて心も身体も満足できる内容となっている。ポノバーガーセットは、バンズやパティに加え、ソースやマヨネーズまで手作りしているというこだわり。バンズは食べごたえのある野菜スコーン、パティは豆腐やキノコでできており、動物肉を使用したバーガーと勘違いするほど完成度の高い仕上がりに驚かされる。

イスとテーブルは無垢の杉材で手作りしており、自然の温もりを感じる

ポノバーガーセット
1600円

限定10食。バーガー2種、総菜、サラダ、スープが付く

Shop Information

[電] 079-506-8018　[住] 三田市大原1310-7　[交] JR三田駅より車で7分　[時] 12:00 〜 15:00LO、17:00 〜 ※完全予約制　[休] 水・日曜

Take out　Delivery

ヴィーガン食材が購入できるSHOPはココ！

　ヴィーガン用の食材は一般的なスーパーマーケットでは手に入りにくく、ヴィーガンの専門店やヴィーガン食材を取り扱っているショップ、インターネットで購入することができます。ヴィーガンメニューを提供するカフェやレストランでは、店で作ったヴィーガンメニューを冷凍し、ネット通販で販売しているところもあります。

　ここでは代表的なヴィーガンの専門店や通信販売ショップを紹介します。

☑ ヴィーガン御用達食材SHOP

BIO-RAL 靱店

[電] 06-6447-5511
[住] 大阪府大阪市西区靱本町3-5-18
[時] 10:00 〜 22:00　[休] 無休

Natural House グランフロント大阪店

[電] 06-6485-7895
[住] 大阪府大阪市北区大深町4-1 うめきた広場B1F
[時] 10:00 〜 22:00　[休] 不定休

こだわりや

[電] 06-6458-6400
[住] 大阪府大阪市福島区福島1-2-25
[時] 9:30 〜 18:30　[休] 日曜、祝日

マルシェノグチ

[電] 075-432-7243
[住] 京都府京都市中京区西ノ京職司町1-3
[時] 10:00 〜 18:30　[休] 不定休

パントリー京都八百一本館店

[電] 075-223-3650　[住] 京都府京都市中京区東洞院通三条下ル三文字町220 京都八百一本館内
[時] 10:00 〜 21:00　[休] 無休

SHOP LIST

Natural House 神戸店

[電] 078-392-3661
[住] 兵庫県神戸市中央区元町通2-7-7
[時] 10:00 ～ 20:00 　[休] 無休

☑ 通販SHOPサイト

ベジタリアン 食材ショップ かるなぁ		Green's Vegetarian	
Good Good Mart		ベジタス オンラインストア	
オーガニック＆ ナチュラルフード HEARTY FOODS ネットショップ		Veggie Market ハーモニーガーデン 大地のたより	
AIN SOPH. ONLINE STORE #おうちアインソフ （→P86）		CHAYA Macrobiotics	
T's Restaurant		※ここで掲載されている以外にも、 本書で紹介した店舗で、 通信販売ショップを開設している 場合があります。	

SHOP LIST

▶「Bene」の通販もチェック

サステナブル、エシカル、ヴィーガン情報が集まるソーシャルメディアの「Bene」でも、
アプリ内で紹介している商品を購入できます。

[検索] Bene サステナブル エシカル ヴィーガン

日本ヴィーガン協会公式
ヴィーガンレストランガイド 関西

初版印刷　2021年8月15日
初版発行　2021年9月1日

監修	特定非営利活動法人 日本ヴィーガン協会

編集人	福本由美香
発行人	今井敏行
発行所	JTBパブリッシング
	〒162-8446　東京都新宿区払方町25-5
	編集…03-6888-7860
	販売…03-6888-7893
	https://jtbpublishing.co.jp/

編集・制作	情報メディア編集部
企画・編集・執筆	株式会社AIS
	（津田容直、津田麻希子、石橋明子、若林由香里）
	齋藤京子
デザイン	庄子佳奈 (marbre plant inc.)
撮影・写真協力	井上翔也、菊田博之、土田智史、中畑亘尋、
	濱田昌寿、晴川花、宮尾大地
組版	エストール
印刷所	佐川印刷

●本誌掲載のデータは2021年6月現在のものです。発行後に、料金、営業時間、定休日、メニュー等の営業内容が変更になることや、臨時休業等で利用できない場合があります。また、各種データを含めた掲載内容の正確性には万全を期しておりますが、営業状況などは、大きく変動することがあります。おでかけの際には電話等で事前に確認・予約されることをお勧めいたします。なお、本誌に掲載された内容による損害等は弊社では補償いたしかねますので、予めご了承くださいますようお願いいたします。●本誌掲載の料金は、原則として取材時点で確認した消費税込みの料金です。ただし各種料金は変更されることがありますので、ご利用の際はご注意ください。●交通表記における所要時間はあくまでも目安ですのでご注意ください。●定休日は原則として年末年始・お盆休み・ゴールデンウィーク・臨時休業を省略しています。●本誌掲載の利用時間は、原則として開店(館)～閉店(館)です。ラストオーダーや入店(館)時間は、通常閉店(館)時刻の30分～1時間前ですのでご注意ください。ラストオーダーはLOと表記しています。